謝謝你這麼說

그렇게 말해줘서 고마워

守護自己並維持關係
讓日常生活變踏實的語言

金有珍 김유진 著

陳宜慧 譯

各界推薦

你相信話語的力量嗎？是否曾因為他人無意的一句話傷及了自尊？我是一個內向又有高敏感特質的人，過去常受到他人言語的影響，而處於焦慮不安的狀態。作者利用一則則平易近人的日常故事，娓娓道來我們在溝通中易觸犯的盲點，帶領大家透過了解自己，擺脫重重枷鎖和外界干擾，好好說出屬於自己的話語！

——**Kasin**（極簡生活家）

言語搭起人與人的關係橋梁，更是構築通往自我意識的長廊，為什麼某些人相處起來讓你充滿精神，有些人讓你談話後感到精疲力竭？言語是影響著人際關係間能量流動的管道之一，《謝謝你這麼說》幫我們覺察說話與聆聽習慣，進一步守護自己並創造群體間更多有意義連結，和作者學習讓生活變踏實的語言，重新覺察潛藏在日常的對話，透過「溝通」更了解自己吧！

——**小妮子**（ＩＧ關係療癒創作者、專欄作家）

工作上經常有機會一對一的對談，有時候是職涯諮商，有時候是面試，更多的時候是同事因為工作壓力，而直接舉手求助的。我一直努力實踐《謝謝你這麼說》的建議：正確和親切中，選擇親切。這本書裡睿智的瞬間沉默、成熟地處理曖昧、關注內心小孩等技巧，都有助於與他人建立更有智慧的溝通。

若你總是在對話的過程中感到挫折，那麼就試試看作者說的：反覆下車。讓我們的心好好休息，擁有再次上車的力量，照顧好自己，就能面對全新的風景。

——**山女孩 Kit**（《山之間》、《沒有名字的那座山》作者）

對話是件累人的事。

因為你得先騰出一半的空間，來承接、消化、整理對方的訊息，再斟酌回傳的角度，才能完成一次合理的傳接。然而語言往返不會只有一回合，因此我們經常喊停。

但本書談的並非傳接技巧，而是關閉對話的動機，與重啟對話的契機。最終我們會明白，對話不僅是信號的輸送，是信念的交鋒，或許還能彌合創傷的裂縫。

——**劉仲彬**（臨床心理師、作家）

當你的聲音在這空間出現時，這空間產生什麼變化？輕巧的、溫暖的、害羞的、炙熱的、失控的——《謝謝你這麼說》就是這樣一本輕巧的小書，讓你分別說跟不說，自己的跟對方心理的變化。

若能傾聽出自己與別人個性、習慣、教育、思考的差異，從內心產生「謝謝你這樣告訴我」的意念，每次言語的交流都會是一個美麗的相遇。

讓聲音開出一朵花。

——**魏世芬**（聲音修繕師）

說話與溝通從來都不簡單。雖然我們每天、每刻都在進行各種溝通，卻少有機會能好好坐下來，重新調整、再次學習說話這件事。這時，不如就參考作者所說的練習方法——靜心閱讀本書吧！在一頁頁作者分享的觀念裡，重新檢視自己的表達習慣；也在每個故事或案例裡，找到值得借鏡或仿效的說話之道。

——**蘇益賢**（臨床心理師）

前言——

唯有累積好的對話和語言，生活才能變踏實

我想分享一個有點丟臉的小故事。某天下班回家的路上，我打電話給媽媽，那天媽媽想講的東西很多，所以我覺得通話的時間特別漫長。雖然我們不是世界上關係最好的母女，但對彼此來說，我們都算是不錯的傾訴對象。不過那天對媽媽的長篇故事，我居然這樣頂嘴了。

「媽，能不能告訴我重點就好？」

說出那句話後，連我自己都嚇了一跳，媽媽也因為女兒的抱怨閉上了嘴，頓時沉默下來。雖然後來她一如既往地寬容，打破了尷尬的

氣氛，但我還是覺得很對不起她。偶爾才打一次電話給媽媽，卻對她說的話感到不耐煩，我對這樣的自己很失望。詩人朴濬在某次採訪中所說的話更刺痛了我的心。

「看似瑣碎沒什麼目的的那些話，會讓人與人的關係和情感變得更深厚。」

——《時事雜誌》

看了這篇報導後，我想起不久前見面的作家吳善花說的話。她主要為青少年寫文章，並在學校或圖書館等開設以親子為對象的課程，是作家兼青少年活動家。她身邊總是圍繞著許多青少年，常常因為接到孩子們的緊急通知，擔心得連覺都睡不好，手機總是開著。她有時會去兒童之家或少年輔育院陪伴孩子，以成人朋友的角色守護孩子成長。很多人都會問她和孩子們聊些什麼？

「我真的沒說什麼，就只是傾聽而已，聽他們說早上起床的故事、吃東西的事、去哪裡玩的故事等等，雖然這些好像都是廢話，但是你知道嗎？沒有人聽他們說這些沒用的話，但這是每個人都需要的。」

兩位作家的話觸動了我的心，我問自己，我也常常說著「毫無用處的話」嗎？我有好好聽別人講「瑣碎的話」嗎？

未達某些「標準」的話，往往會被視為毫無意義，或「不像話」的話。或許我們因為言語受到傷害的原因，就是因為沒辦法自由自在地說出這樣的話吧？正如兩位作家所說，如果有人能傾聽我們說這些沒有用的話，將會給生活帶來很大的安慰。

我們常常有在別人面前一定要說出有用話語的壓力，也有著說出帥氣的話才能得到認可的焦慮，甚至還有想藉此超越別人的競爭意識，以及一點讓自己被看見的欲望。我們也因此受到傷害。也就是說，我們在廢話和有用的話之間承受著雙重痛苦。

世界上不只有表裡如一的話，乾淨俐落的話中有時藏著鄙夷，毫無修飾、沒頭沒腦的話中可能包含對方的真心。那麼，從各種話中守護自己的方法是什麼呢？

ＩＱ２４４、世界天才排名第四的趙尚賢強調應該用大腦訓練法鍛鍛鍊大腦。每個人都有自己能承受的壓力值，只有平時就訓練大腦，才能有意識地注入健康的壓力，我們的壓力忍受值也才會隨之上升。也就是說，只有讓大腦平時就暴露在適當的壓力下，承受壓力的能力才會增強。

用話語守護自己的方法不也是一樣的嗎？有些人會對別人的每一句話都過度敏感，並因此受傷，這意味著心變脆弱了。越是這樣，越必須讓自己暴露在好話和傷害自己的話中，因此，我們必須「對話」。

這本書收錄了對話的各種方法，也用我經歷的許多小故事來說明如何照顧自己並維持人際關係。話是好的，雖然偶爾也會造成傷痛，但是如果只在意話語帶來的傷痛，就會失去真正珍貴的東西。

《清秀佳人》的主角安妮曾經對出生以來從未做過「想像」的瑪莉拉阿姨提出這樣的忠告：

「你錯過了多少東西啊！」

希望大家不要因為逃避對話而錯過任何寶貴的東西。

金有珍

目錄

1 對話無法獨自進行

2 當語言跟不上心靈時

4

讓我的生活變踏實的那些話

5

用對話守護自己並維持關係的方法

6

仔細聽別人胡扯

chapter

1

對話無法
獨自進行

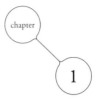

對話的背後是關係

有一首詩叫做〈時間告訴你美麗的祕訣〉，裡面有這樣一句話：「想要擁有漂亮的儀態，千萬別以為只有自己在走路。」被解釋為美麗儀態的英文單字「poise」有著沉著、平衡、優雅、冷靜且自我控制的意思。這似乎是在說，在生活中，如果想擁有更好的態度（姿態），就要記住自己是和其他人一起生活的。

「話」又是如何呢？想把話說得沉穩優雅，又想要有威嚴，需要什麼樣的姿態呢？那就是不要忘記「自己是和大家一起生活的」。對話不能單獨進行，也因為必須和別人互動，所以會被感動，但也可能受傷。

有時我們會因為某句話高興得不知所措，也可能聽到讓自己受傷，所以放在心裡許久的話。雖然有些話能瞬間成為我們的能量，但也會有侵蝕我們自尊心的話。某些話我們聽了會感動流淚，有些話則會被我們當作耳邊風。有的話會越嚼越香，但某些話卻一輩子折磨著我們。我聽過的那些話都是什麼樣子的呢？

二十幾歲時，我好不容易送走初戀，迎來了真正的戀愛，我覺得停滯不前的初戀不是愛情，並沉浸在幸福快樂的新戀情中。但是一年過後，我和那個人分手了，從說分手的那天起，我的悲傷就像可以寫進百科全書中一樣可觀，也看不到悲傷泥沼的盡頭。我愁眉苦臉了好幾個月都無法打起精神。

在那段不論碰到誰都會流下眼淚的日子，我的指導教授對拿著論文大綱的我說：「你把打工看得那麼重要嗎？」

其他學生經常與教授面談，並討論論文的方向，但我卻是自已擬了大綱就擅自開始寫論文，所以教授覺得我很荒唐是理所當然的。我不斷道歉，走出房間後淚流滿面。我沒辦法反駁教授。我每周都要打兩到三份工來還學貸並繳房租，賺取生活費對我來說很重要，雪上加霜的是和男朋友分手。在失戀的痛苦中我的錢不夠，必須打工，還要寫論文。「打工有那麼重要嗎？」這句話在這樣的低潮中傷害了我。

那件事發生幾天後，對首爾很不熟的妹妹說要來找我，也許是察覺到我的狀態不太好吧。妹妹在陌生的首爾街頭迷路了一個多小時，我們才見了面，但沒聊多久她就要離開了，她小心翼翼地拿出裝有禮券的信封。

「用這個買本書吧！姊姊看書的時候不是最能感到幸福的嗎？」

我的眼淚在眼眶裡打轉。當時妹妹的那句話比任何人所說的話都讓我得到更大的安慰。

如果要我選出一生難忘的話，那就是教授和妹妹說的這兩句話。

雖然我這輩子聽過很多其他的話，但這兩句是在我最貧窮且辛苦，內心惶惶不安，動不動就想哭的時期聽到的話。

話有兩個特性。第一，對話不是一個人可以進行的，每句話都能代表著說那句話的人、當下的情境，以及兩人在那個情境下的互動。這就是話的第一個特質，「關係」。在彼此的關係中給予傷害和安慰就是對話的特質。第二，話語有著不斷變動的特性。一句話給人的感覺不是永恆不變的，要給這句話套上什麼框架取決於自己。「賺錢有那麼重要嗎？」說這句話的教授不久之後用依舊生硬的語氣說：「已經寫到這種程度了，就讓你過吧！」

我很感激「這種程度」這句話。

話會傷人是必然的，但把話視為安慰是一種選擇。我想，可以稍微改寫一下山姆．萊文森（Sam Levenson）的詩。

「如果你覺得對話是獨自進行的，那你可能會受傷。
如果你希望得到安慰，就要想著你不是一個人。」

聽了這些話，心裡很難受

我曾和一名心理諮商師吃過飯，在此之前我們沒有單獨交談過，但當天卻互相說了心裡話。由於對方是諮商專家，不知不覺間我感覺自己像是在接受諮商。大約過了三小時，她說我的心裡似乎還殘留著小時候的創傷。我言行中出現的幾個特徵可能是傷口引起的不安，但是她平靜地表示雖然我的焦慮感很重，但這份焦慮仍使我朝好的方向前進。

當天，我傳訊息給朋友：

「我今天偶然接受了諮商，好開心，找到了小時候的傷口會延續到大的證據。」

朋友的反應和平時不同，她只給我一句回覆：

「傷痛可能會再持續下去。」

看到這個回應，我差點受傷了。我知道她沒有要傷害我的意思，但我還是看著這則訊息思考了許久。因為那句話碰觸了我的傷口。就像這樣，我們可能常常遇到無意傷害我們，卻仍然讓我們「受傷」的情況。

但是，有時某些明顯看起來傷人的話，我們卻不會受到傷害，那麼，什麼會讓我們受傷，什麼卻不會成為傷口呢？作家馬克・吐溫說：「人類就像月亮，有任何人都看不到的黑暗面。」

有些人利用自己的陰暗面寫作或畫畫，也把這些黑暗能量當作活下去的動力。相反地，也有人因為這些陰影而折磨自己和別人，一輩子揹著不幸生活。某些人則無法直視內心的黑暗，只能忍耐。問題是這些黑暗的一面會因為別人的話而受到刺激，並因此受傷。

其實，世界上沒有「給予傷害」的人，因為沒有人認為自己傷害了他人。戴爾．卡內基在《人性的弱點》中說，即使犯罪，也為自己辯護和叫屈是人的本性。雖然沒有傷害的意圖，但想保護自己，所以才會不承認自己傷害了別人。

我們受傷的原因不是因為自己，那些沒有觀察力、缺乏關懷、眼中只有自己的人才是問題所在。但那卻是人的本性。我們想要改變這樣的本性，卻經常因此發生衝突，然而，真的有可能改變人的本性嗎？

我很容易被他人說的話影響，也很在意別人的批評和稱讚。因此我告訴自己：「是的，我拿這些話沒轍。」

認識自己的黑暗面，並不是說要把受傷的責任歸咎於自己。我們先把對方的問題和錯誤放在一邊，並好好處理自己的情緒。之後再面對對方，負面情緒會消退一些，我們就能壓下怒氣，用更理性的話傳達我們的想法。至少，我們體內累積的傷口不會因此一一被召喚，讓自己因此捲入負面情緒之中。

看看我們周遭，有能妥善管理自己的陰暗面的人，也有不斷暴露傷口的人。受人歡迎和尊敬的人並非沒有傷口，但是他們能好好照顧自己的傷口，並且適度地展現出來。如果將我們的刺一一展露在傷害我們的人面前，就會失去了解他們優點的機會。如果將荊棘全部暴露出來，我們只會留下慘澹的人際關係。

每個人都有「看不見的黑暗面」。因此，我們不可能過不受傷害的生活。但是，只要知道什麼會對自己造成痛苦，我們對什麼話或行為特別敏感，就能減輕傷痛。比起因為自己的黑暗面折磨別人或自己，這是「稍微好一點」的選擇。

想算塔羅牌的真正原因

不久前，朋友告訴我她去算命的故事。總是將生活打理得很好的她最近遇到很多困難，但算命師卻說了一些不好聽的話，所以她很難過。

「他說我的生辰八字裡沒有父母，那表示我沒有父母的福氣。不只那樣，他還說了很多我命不好的原因。聽完後，我跟他說：『那我生命中不就沒有半點好東西？』他居然默默點頭！」

沒有人能聽到與自己相關的「某些話」後卻不受影響的。不論內容好壞，人類都會被他人說的話動搖。任何人的批評和讚美都會讓我們難以招架。當然，在生活困頓的情況下去算命就更容易被影響。但是我們為什麼這麼在意算命師所說的話，或對塔羅牌的結果那麼執著呢？

那是因為那些話和結果說的是「我」。我們的執著是源於想知道別人對自己的想法。但是，我們有多少機會可以聽別人專注地談論自己呢？仔細思考一下，就會發現年紀越大，這樣的機會越少。比起成為主角，我們多半只是點綴他人生活的配角。因此，我們常常渴望分得他人的一點關心和安慰。算命、透過諮商或演講尋求心理治療，做這些行為的理由和在網路上做心理測驗的心情是一樣的，都是因為想成為主角，並希望透過他人的嘴「聽見自己」。

每逢周末，首爾光化門廣場都會舉辦「寫家訓」（編註：此為文化推廣活動，現場會請書法家揮毫名言佳句或想留給子孫的家訓等，參加者可把成品帶回家收藏）的免費活動。我不知道現在是不是還有這個活動，但之前每次去的時候，等待寫字的隊伍都很長。看著不論男女老少都希望得到自己想聽的話、讓人下定決心的話，或為了得到好的名言排隊的樣子，我覺得想要擁有「好話」的心情非常有趣，同時也產生對人類的憐憫和悲哀。人人都有著把好話放在身邊，並過著理想生活的願望，同時希望安慰和療癒的話語能夠成為每天辛苦生活的支柱。

但是算命師所說的話、演講或諮商的內容，以及名言等，都是單方面傳遞，而且不是我們能積極參與創造的話。從某種理論、概念或別人的經驗中湧出的話可能會對生活有所幫助，但如果要深入我們的人生，我們必須參與其中。這不是單方面的一時「好話」能促成的，而是需要持續且相互的「對話」才能實現的。我們不是因為好話，而是因為他人的關心和友誼才產生生活的勇氣。

我們希望從交談中得到什麼呢？我們與他人的對話中總是交織著複雜的欲望。在對話過程中，我們會用語言表達自己的想法，並透過耳朵傾聽他人對我們想法的意見，以及他們對其他事情的想法，但這不是全部。對話可以讓我們體驗到與他人交流的喜悅、彼此心靈相通的安心感，或感受到他人對自己的興趣與好奇，以及話語中傳達的深厚友誼和安慰。

因此，雖然我們可能因為他人的話而受傷，但仍要透過各種方法嘗試對話。因為如果不對話，我們無法體驗上述的美好。

建築師劉賢俊在一次講座中這麼說：「我是用什麼來判斷社會健全的程度?就是單位面積有幾個長椅。請看看這個。紐約曼哈頓的百老匯大道，在九百五十公尺的區間內有一百七十個長椅。相同長度的首爾新沙洞林蔭道中只有三個。因為沒有可以坐下來聊天的地方，所以當人們想要坐著聊聊時，就必須去付費的場所，也因此那條街上有很多咖啡館。」

人與人面對面對話的樣子，在家裡、朋友之間和商業領域都成了陌生的風景。就連長期以來一直象徵著「對話」空間的咖啡館也變成了獨自工作、思考和休息的「個人空間」，若要對話必須壓低音量且小心翼翼。世界運轉得太快，所有的事情即使不見面也能順利處理。

但是這樣的順暢只是表面的，我們仍舊渴望對話。

與對話漸行漸遠的我們更容易依賴「算命」。比起應該對話的親近之人，我們更相信不能進行對話的明星或名人所說的話。因為沒能進行對話，所以我們變得無法區分好話和壞話，也因為對話量少，回應的品質隨之下降。這些情況都讓我們更容易在對話中受傷。

我們生活在失去對話，卻注入大量單方面話語的疲勞中。因為知道無法在對話時避免受傷，所以我們乾脆選擇用與自己無關的人所說的話得到安慰和治癒。

在此用「鼓勵多對話」結束這篇文章是不合理的。人們已經習慣了沒有對話就運轉的世界，因此更加執著名人的話、懶人包等他人灌輸的話。但是，在語言的洪流中失去自己語言的現代，我們終究還是渴望對話。

對話給人的禮物不是輕易就能得到的。在對話過程中，話語來回穿梭，意思不斷變化和延伸。就像剛從海裡撈出，活蹦亂跳的魚，或是飽含晨露的花瓣，具有「活力」和「各自的特性」。我們說話，對方傾聽，我們向對方確認，再聽對方的想法，你會從這樣的循環過程中不斷收到對話給你的禮物。

想說的話都說不出口

我從小說話容易結巴，長大後稍微好了一點，但偶爾還是會發生。由於沒有接受正式的檢查和治療，所以不知道具體原因，但從我閱讀的一些資料來看，遺傳的可能性很高。家族中，爸爸和堂弟都有類似的症狀，所以應該是遺傳沒錯。

我國小高年級的時候就發現自己結巴了，但父母從來不責備，也不擔心我，他們雖然知道，卻裝作不曉得，或者他們是覺得長大後就會好了吧。但是對我來說，這帶給我巨大的自卑感。首先，在上課時被點名朗誦課文就是件很辛苦的事。雖然老師和同學沒有取笑我瑟瑟發抖且腦筋一片空白的模樣，但每當我發出聲音唸課文時，教室裡就會充滿令人恐懼的靜默。在唸課文的過程中，我總是緊張得心臟狂跳，頭也像得了感冒一樣疼痛。

就是從那時候開始的嗎？我發現自己連想說的話都說不完。當時放學回家後，我常常反覆練習數十遍沒能說出口的話。在很會說話的朋友面前結結巴巴表達失敗的時候，上台報告或唸課文不順利的時候，我一整天都會很憂鬱。我就這樣一直過著自卑的生活，直到高中畢業。

大學一年級時我到升學補習班打工，在那裡認識了一位姊姊。應該說那是我生平首次打工遇到的第一位同事。我和姊姊一起影印考卷，並在教材室分發習題本。某天，姊姊以嚴肅的表情鄭重地對我說：

「我之前也像你一樣講話結巴，但是拚命地努力改正了。你看，我現在不是很正常嗎？你現在情況滿嚴重的，一定要改，知道嗎？」

姊姊毫無保留地說明口吃會如何影響社會生活，自己又是因為何種契機改正了口吃，以及改正的過程和技巧。這些話讓從未想過要改正的我非常鬱悶。但是我沒有聽從姊姊的建議，也沒有模仿她傳授的方法。我從小就承受了不小的壓力，但即使同病相憐的人諄諄教誨，我也異常地沒有心動。

我似乎已經習慣了用自己的方式面對結巴。我沒有努力改正，而是選擇與之共同生活。該說話的時候我不會故意迴避，補習班講師能比其他工作賺得更多，所以我也沒有因為結巴而放棄這個兼職工作。在剛步入社會時，如果遇到各種會議報告，我會先吃藥，這就是我的應對方式。我仍然會結巴，經常突然無法說話，只能勉強延續對話，在對話過程中也時常覺得很緊張，甚至冒冷汗。那位姊姊「口吃消失」的幸福結局並沒有出現在我的人生中。我沒有努力改掉結巴，而是做了奇怪的妥協。

「生活中有該說的話，也有不該說的話。雖然因為口吃，想說的話常常說不出口，但相對地，也能阻止自己說出不該說的話。我這麼急躁的個性，如果不結巴，可能會出大事。」

雖然我也知道這是出於「酸葡萄」的心態，但還是決定繼續抱持著這樣的信念，並告訴自己，如果沒有口吃，我會把想說的話都說出來，並因此在與人交流時受到更多傷害。

每個人都有說不出口的話和不該說的話。不論怎麼做都可能使你心中留下長久的傷痕。這時候，就像我安慰結巴的自己一樣這樣自我安慰如何？

「還好當時沒吐出那句話，所以沒受傷。」

或者在相反的情況下你也可以反過來安慰自己：

「還好當時說了那句話。」

委屈就輸了

我有個朋友，做事總是有條有理，但不會斤斤計較，包容力也非常好，我曾好奇地問她：

「這種包容力是從哪裡學來的？請告訴我祕訣！」

她思考了半天，提出一個讓人意想不到的訣竅。

「我喜歡科學。越學越發現人類所知道的很少，世界上還有很多無法用語言解釋的事物，以及未知的東西。用這樣的眼光去看人事物，就會發現沒有任何東西是我可以隨意評斷的。」

寬容地包容並接受他人的力量泉源，竟然是「學習科學」！她的意思應該是世界上還有許多事物無法用語言解釋，所以人心也是如此吧。但是，我們還是會因為這些言語無法解釋的東西，感到委屈並責怪他人。

有時，我們會覺得似乎只有自己吃虧。這時請仔細審視自己的心，就會發現平時不會意識到的心結。心結會讓我們連結毫無關連性的許多事件，極大化心中的委屈，讓我們被無法控制的情緒籠罩，陷入毫無邏輯的雜念之中。如此一來，控制心情會變得更加困難。這時，我們需要的是學習國文。為什麼要學習國文呢？

我在二十多歲時一頭熱地開始擔任志工，負責教導檢定考試的國文。我遇到的學生，大部分是錯過學習黃金期的成人、無法適應學校而在家自學或因犯罪而受罰的青少年，以及沒能得到父母充分支援的孩子。其中有已經十多歲，閱讀理解能力卻只有小學生水準的青少年，也有閱讀介紹文或公告後無法理解內容的成年人。

和他們一起相處了幾年，我確認了一件事，這是我在第一堂課就提到的事。

「為什麼要學習國文呢？我們在人際關係中經常遇到困難，有時我們會因此感到委屈和鬱悶，但卻不能隨意發怒或吵架，這時就需要國文能力，具備好的國文能力才能不委屈地說出自己的想法，並聽懂別人說的話。我也是因為這個理由才學習國文的。」

對於頻繁發生的人際問題，有些人會習慣性地說：「我真冤枉。」並總覺得是自己吃虧。這些人的共同點是，把各種事情按照自己的想法連結起來，並曲解他人的意思，會陷入委屈的情緒之中，就是因為用這種方式輕率地處理與他人的衝突。

為了整理心中短路的電線，我們必須找到適合自己的國文學習法。閱讀、靜下心思考，或聽別人的故事都是學習國文的方法。去旅行、面對陌生的文化和語言、接觸多少有些難以理解的哲學或藝術、閱讀已經許久未拿起的報紙，或者結交年紀相差較大的朋友，這些也都是很好的方法。或是像我前面提到的朋友一樣，學習科學也不錯。

我也有自己的學習法。我每天會挑一些較難理解的書來讀。我也會解國、高中的國文問題，或者與相差十歲的人見面，進行長時間的對話。這些都是適合我，且能讓自己不陷入委屈、不情緒化的國文學習方法。

長大是具備「溝通邏輯」的過程。雖然追究原因和結果，並明辨是非的邏輯能力很重要，但在人際關係中，比這更高層次的「包容力」似乎更有用。讓我們運用包容力，為自己長久以來的一些委屈劃上句號吧！

chapter 2

當語言跟不上心靈時

不說自己的話，就得跟隨他人的標準生活

我們說的話代表「自己」。悲劇的開始往往是我們無法控制自己要說的話。但只要我們發揮判斷他人所說的話時百分之一的能力，冷靜地思考自己將要說出口的話，就會減少許多交流時受傷的事件。

說錯話是人性，所以因此而受傷是很自然的事。如果我們的對話只是單純語言的相遇，還會造成這種傷害嗎？如果語言只是符號，是不是就不會有人因此受傷？然而，對話不是單純的符號碰撞，而是不同立場、知識和智慧的交流，因為每個人都有不同的意識形態、經驗和背景。

三十年前爆紅的旅美韓僑歌手楊俊日因為言行不符韓國民族性，所以被拒絕更新簽證，因此幾乎要退出演藝圈，最近他的人生則成為熱門話題。他的曲風、舞蹈、在舞台上的表演與造型在一九九〇年代初似乎太前衛了。他最近在某節目中唱了自己三十年前的歌曲之後，被主持人問到未來計畫時如此回答。

「嗯，我不制定計畫。我認為，每時每刻都竭盡全力生活才是最重要的。如果說有什麼計畫的話，那就是希望能成為謙虛的爸爸和老公。」

他所說的話很特別嗎？「不制定計畫，每天都努力生活最重要」這句話是人人都很常聽見的話。但是，為什麼大家卻被這句話感動得熱淚盈眶呢？因為他的經驗在背後支撐著他。雖然退出韓國演藝圈後，他仍多次挑戰要成為歌手，但每次都失敗，因此只能拋下這個夢想，從事英語講師或餐廳服務生維持家計，同時扮演好爸爸和老公的角色，這樣的生活經驗讓他的這句話變得更有價值。

即使是相似的話，不同的人說，聽起來的感覺也不一樣，那是因為說話者的經驗不同。透過這段經歷，他思考並煩惱了許多事，因此這句話是他在這段過程中領悟到的感觸。如果想知道一個人所說的某句話是什麼意思，就必須思考他是如何生活的，因為人們所說的話都是生活經驗的產物。

我經歷過什麼？
我遇到什麼樣的人？
我看過什麼？
我讀了什麼？
我是如何思考的？
我做過什麼事？
我的生活有什麼煩惱？

世界上充斥著許多好話，透過網路和手機隨時可以看到眾多名言，只要動動手指，就能收集到某人累積的知識之語、洞察之語、安慰之語、智慧之語。我們可以隨時聽到並記錄這些話，也能儲存，甚至可以花錢購買，並將這些話加工後換成自己的話。試著在YouTube上搜尋「自尊」，馬上就能看見大量的名言。這些名言中有源於自身經驗的話，也有把他人的名言拼湊在一起後編造出來的話。兩者顯然是有差異的。歌手楊俊日的話屬於前者，因此帶給我們莫大的感動。

法輪禪師說：「凝聚別人智慧的是知識，而不是智慧。」我們平時是帶著自己的經驗，以及從中領悟的小智慧說話，還是用別人的智慧集結而成的知識說話呢？坦白說，我是後者。是因為缺乏經驗和思考嗎？不是的，是因為我認為比起自己的經驗和洞察，別人的話看起來更帥氣且令人印象深刻。

比起從自己的經驗和思考中得出的「我的話」，許多人更喜歡名言、經過權威認證的話，或得到大眾認可的話。因此，我們把自己的話丟了，帶著「聽來的話」生活。如果失去自己的話，就必須跟隨他人的標準生活。就算自己的東西更有價值，許多人還是喜歡追隨別人的東西。失去「自我」其實是從失去自己的話開始的。沒有自己的話，就無法成為人生的主人。

這並不是說集結他人的智慧不好。人如果沒有他人的幫助，是無法獨自生存的。但是，如同再漂亮的房子、再貴的衣服和包包、他人的財產和名譽，都無法成為自己的，別人的話也不是我的，用這些話生活會讓我們失去自主性。那些話也無法讓我們更有價值，因為只要出現更好的話，隨時都能輕易被取代。

用自己的話說話的人是很有力量的，因為從自己的經驗得出的智慧話語是真實的，所以能得到他人的尊重，說話者也會因此更有自信，所以即使出現錯誤，也能很快承認並道歉。如此一來，我們與他人的衝突也會減少。現在，請大家問問自己：

「我是用誰的話來生活的呢？」

失去「自我」
其實是從失去自己的話開始的。
沒有自己的話，
就無法成為人生的主人。

沒靈魂的反應有什麼用

保羅．科爾賀的小說《薇若妮卡想不開》，描述二十多歲的女性薇若妮卡服藥自殺未遂後在精神病院生活十天的故事。醫生說她馬上就要死了，剛開始她沒有因為這句話而有絲毫動搖，但某天晚上她突然恍然大悟。

「她總是想向自己證明自己很強大也很理性。但事實上，她很脆弱，在學業和運動比賽中從未取得過突出的成績，和家人相處也不和睦。

「她常常因為瑣碎的問題猶豫不決，在真正重要的決定上則很容易崩潰。雖然她外表像個獨立的女強人，但內心卻非常渴望有個能一起生活的人。她在朋友面前塑造出令人羨慕的形象，但為了符合這個形象，她幾乎耗光了所有的力氣。」

我們「真正的樣子」和「被言語塑造的樣子」是有差異的。我們有時會脫口而出和內心的想法相反的話，所以我們的想法和說出的話（行為）有些出入是正常的。但是，如果出於某種目的只以「塑造而出的自己」生活，就會因為無法做自己而非常痛苦。我們的心會跟不上自己所說的話，時間久了，甚至會不了解自己真正想要的是什麼，就像薇若妮卡一樣，她為了守護「自己塑造的形象」耗盡了全部的力氣，還得了精神疾病。

「被建構而出的自己」雖然帥氣且理想，但與「真正的自己」是不同的。創造出理想的自己往往會留下後遺症。我們什麼時候會希望隱藏原本的面貌，以「塑造出的我」來建立關係呢？通常是遇到喜歡的人，並希望在對方面前表現很好的時候。

我戀愛時有著鑽研對方喜好的習慣。對方喜歡音樂，我就去了解他喜歡的音樂，他喜歡酒我就研究酒，愛好談論政治我也會附和，興趣是旅行我也隨之愛上旅行，甚至比對方更沉迷。我認為，如果展現出對方喜歡的語氣、行為和興趣等，會對兩人的關係有所幫助。我的穿搭也會迎合對方的喜好。換上他喜歡的衣服時，我沒想過自己正以「被塑造的我」在談戀愛，只是滿足於彼此有許多相似之處。

但是戀愛結束時我就會清醒。分手後，我對這些東西的興趣也隨之消失。我只是因為對方的興趣而陷入其中，並不是真的喜歡那些東西，我不過是在模仿對方。戀情結束後，我還必須和「被塑造的我」分手，所以徬徨失落的時間比一般人更長，也要花很長的時間才能回歸真正的「我」。

用這樣的方式談了兩三次戀愛後，我才開始以「真正的我」戀愛。我不再勉強自己迎合對方的需求，因為戀愛的目的不是自我實現。

我是性急的人，總是還沒想清楚就因為急著想給對方留下「好印象」而貿然開口。在尚未思考前就急著說出讓對方心情好的話，以華麗的回應讓對方誤以為我對他的話產生共鳴，同時給予不真誠的親切。為什麼我要給予虛假的附和與親切呢？因為想得到認可。

當我們的心跟不上我們說出的話時，試著減速停下來如何？如果總是讓話語凌駕於真正的心意，很容易就會以「被塑造的自己」生活。

最終成為自卑感的那些東西

我有一個奇怪的習慣，就是計算名人的年齡。那個人幾歲就當上公司代表了？他以幾年的資歷坐上那個位子的呢？這個人是什麼時候紅起來的呢？那位演員幾歲就拍出了人生代表作？

在夢想成為作家的時期，我常常計算年輕作家出道的年齡或第一本書出版的年紀，如果年齡比我大，就會感到異常安心。

「啊，我還有機會。」

如果名作家的年紀比我小，我會羨慕他的非凡，並因此感到挫折，覺得果然好作品不是人人都能寫得出來的。隨著時間流逝，同齡的朋友一個個有了傲人的發展，只有我是跟不上大家的那一個。後來我把對寫作的熱情視為一時的天真，包裝成是每個人的人生中都會做過一次的白日夢。我告訴自己，與其做不好，還不如不要做夢。

二十歲出頭，我忘掉喜歡寫作的事實。偶爾會有人問我是否還有繼續寫作，我會搖搖頭表示：「沒怎麼在寫了。」就這樣，對我來說，寫作逐漸從「喜歡的東西」變成了「自卑感的來源」。

幾年前與出版界的前輩喝茶聊天時聽到了這樣的話。

「那裡不就是B級的嗎？」

他所說的「那裡」是我當時工作的出版社，聽到那句話的瞬間，我發現原來「自己=B級編輯」。察覺到我的表情不對勁的前輩立刻解釋：

「所謂的B級，就是適度，對吧，就是剛剛好的編輯嘛，這也是一種選擇。」

我知道前輩想提什麼建議。但是，我對「B級編輯」這個說法已經產生了自卑感。他的對手也是在非常年輕時就成為大出版社的社長，且變得十分有名。「喜歡的事」很容易變成自卑感；就像寫作變成我自卑的源頭一樣。

有些人需要不斷用言語來充分展現自己才不會感到自卑。我有時也會想：「他們怎麼有辦法一刻都不休息地炫耀自己呢？」雖然這些人的外表、學歷、地位、財產和人脈等看似沒有不足之處，但無論走到哪，他們都忙於證明自己。

他們如何「證明自己」呢？住在哪裡、畢業自哪個學校、職業是什麼、父母在做什麼、現在在學什麼、興趣是什麼、取得了哪些成果等，他們用這些不斷向他人說明自己是什麼樣的人。然而，無法用語言說明的東西難道就沒有任何價值嗎？只有能夠用言語向他人炫耀的東西，在人生中才有價值嗎？

據說，曾於哈佛大學任教的盧雲神父（Henri Nouwen），剛開始在身心障礙者團體活動時，曾有人問過這樣的問題：

「你是誰？」

「我是哈佛大學教授盧雲。」

但是對方不知道哈佛。

「哈佛是什麼？」

被問到這個問題的當天，盧雲神父寫了一篇日記。

「今天我遇到一件驚人的事。這些人不知道我是哈佛大學的教授，以及我創造的許多成果，也沒有興趣。在這裡，我只是盧雲。」

當被問到「你是誰」時，盧雲希望能以教授、哈佛大學、神父等標籤來解釋自己，但他卻發現不能用這些來說明自己。正如他所說，這是一次「驚人的經驗」。

美國精神病學家傑羅姆・法蘭克（Jerome Frank）表示：「所有的精神障礙都是氣餒引起的疾病。」我計算別人成功年齡的特殊習慣也是氣餒引發的疾病。喜歡的東西不能堅持到底也是因為氣餒。其實很多東西難以向他人炫耀或得到認可。如果不理會世俗的眼光，不和他人比較，也不急著炫耀，我現在是不是正以自己的某些興趣發光？但是，到頭來我還是把「本該作為興趣的寫作」變成了自卑感。

”

無法用語言說明的東西難道就沒有任何價值嗎？
只有能夠用言語向他人炫耀的東西，在人生中才有價值嗎？

為了防衛不堪的自己所說的話

求關注、媽媽朋友的兒子、超嫉妒、自卑感爆發、金湯匙、太帥了等詞語中包含了一種共同的情緒，那就是人人都有的嫉妒與猜忌。嫉妒和猜忌是有一點不同的。嫉妒是別人擁有自己沒有的東西時產生的憎惡、憤怒、敵對、憂鬱且悲傷等複雜的情緒；猜忌是擔心自己已經擁有的東西被別人奪走時，所產生的不安。這兩種情緒混雜在一起時會讓人很難受。法國哲學家兼評論家羅蘭・巴特在《戀人絮語》中這樣描述了這種痛苦。

「嫉妒會讓人感受到四種痛苦。嫉妒本身已經令人難受，指責嫉妒他人的自己也很痛苦，擔心因為自己的嫉妒而傷害別人更是讓自己備受折磨，對於自己因為俗氣的東西而成為奴隸又再度令人痛苦。」

薩里耶利是十八世紀的宮廷作曲家，也是貝多芬和舒伯特的老師，在音樂方面有非常出色的成就。《阿瑪迪斯》是一部假想薩里耶利太過嫉妒莫札特的才華和天分，最終計畫毀滅莫札特的電影。電影中的薩里耶利用悲傷的聲音獨白：

「我為了音樂做了捨棄生命的覺悟，但他卻放縱地玩樂，和女人輕浮地大笑，剩下的時間才用來作曲。儘管如此，他的音樂還是超越時空的不朽名作，我寫的曲子卻沒人記得。」

拋開劇情的真偽不談，電影大賣後，韓國出現了「薩里耶利症候群」。症狀是在某個領域看到比自己出色或順利的人時，會感到自卑和無力，就像電影中薩里耶利對莫札特的情緒。

但是仔細分析薩里耶利的獨白，就會發現他將「拚命投入音樂」的自己，以及「盡情狂歡，和女人享樂，用剩餘時間作曲」的莫札特進行比較。他認為自己很踏實，但莫札特很放蕩。他的話中只有自己的努力和熱情，卻澈底排除了莫札特的認真和對音樂的熱愛。我們也很常不知不覺在生活中說出這樣的話。

「他是每天都去旅行嗎？昨天又上傳了照片，真愛求關注。」

「又是抽脂又是整眼睛和鼻子的，不好看也很奇怪吧！」

「如果我也能出生在那種家庭就好了，就能去滑雪，媽媽朋友的兒子，真令人羨慕啊！」

「聽說他這兩年的補習費和生活費都是父母出的耶，金湯匙果然不一樣。」

「認真讀書有什麼用，連一個朋友都沒有。」

「聽說他的東西都是女朋友買的，怪不得對女友那麼好。」

就像薩里耶利只看到的自己的努力和熱情，莫札特的認真和對音樂的熱愛卻被掩蓋一樣，我們也常常對他人的成果和成功睜一隻眼閉一隻眼。為了旅行而努力賺錢，抽脂和整形手術帶來的痛苦和高昂費用，為了讀好書不得不犧牲其他東西，為了得第一名做了各種忍耐——這些常常都被忽略了。因為他人的努力和熱情對我們來說是不舒服的。一旦承認了他們的努力，我們替不堪的自己所編造的「盾牌」就會破滅，並讓我們陷入羅蘭・巴特所說的痛苦之中。

我們為了保護自己而用各種酸言酸語、背後議論和惡意攻擊作為自己的盾牌，但最終我們還是必須問自己：

「我為什麼只會做這些事呢？」

「我為什麼總是這樣呢？」

嫉妒並猜忌他人是很自然的情緒，但是如果不適當調節這種情緒，就無法擺脫薩里耶利症候群，會不斷習慣性地貶低他人的人生，並在否定自己的痛苦中掙扎。從那裡解放的方法出乎意料地簡單，就只要認知到別人也像我一樣，為了實現一件小事而付出許多努力和時間。

讓我們想想朋友、同事等身邊的人發生好事時自己的反應，是向他們表達虛偽且短暫的祝賀，還是向他們提問並進行長時間的對話呢？我們發生好事時別人又是如何？如果有人希望詳細地詢問並進一步交談，那麼你是一個真正幸福的人。

在他人的痛苦或厄運面前，我們又是怎樣的反應呢？即使沒人要求，我們多半會與對方進行長時間的對話。我們是不是不會嫉妒對方的不幸，甚至幸災樂禍（看著別人的不幸或痛苦而感受到喜悅）呢？我們的大腦甚至會分泌出快樂的荷爾蒙。雖然殘酷，但這是無可爭辯的現實。

求關注、媽媽朋友的兒子、超嫉妒、自卑感爆發等詞語赤裸裸地表現出人類的脆弱。在談論別人的幸福和成功時，如果不由自主地貶低當事人的努力和熱情，請開始審視自己，並問問自己，我現在到底在煩惱什麼。

”

嫉妒並猜忌他人是很自然的情緒，
但是如果不適當調節這種情緒，
會不斷習慣性地貶低他人的人生，
並在否定自己的痛苦中掙扎。

如果要從「正確」和「親切」中選一個

查爾斯・舒茲的《PEANUTS漫畫全集》中，主角查理・布朗問史努比：「史奴比，我看不到希望，怎麼辦？」

如果你是史努比，你會如何回答？相反地，如果我們問別人這個問題，他們又會怎麼說呢？

他們可能會問我看不到希望的原因，或我的近況。例如瞪大眼睛並提高音量問：「你怎麼了？」或者小心翼翼地問：「發生什麼事了嗎？」有些人可能會直接說自己也曾看不到希望，並教我們克服困難的方法。問這個問題，往往會得到各式各樣的回答，某些人會追根究柢，也有人會提供敷衍的安慰並轉移話題，有些人則會馬上附和自己最近也很辛苦，或是說「世界上沒有不辛苦的人」等等。

這些答案沒有絕對的對與錯。提供需要建議的人意見，給予想要安慰的人安慰，和只是想閒聊的人聊天，陪想喝酒的人喝酒。不會有人懷著惡意對待他人的煩惱，只是每個人「懷著善意」給予幫助的方法不同。

即使如此，我們可能還是會因此受傷。因為有些人會扮演審判的角色評判我們。那種人也許會這樣回答查理．布朗：

「看不到希望？你可以就這樣放棄希望嗎？不是只有你的人生很累，要加油，振作起來！」

幾年前，妹妹發生了傷心的事，所以打電話給我，似乎是因為和朋友發生感情糾紛。妹妹用略微激動的聲音向我哭訴，我聽完之後，卻不知不覺模仿了所羅門。

「你也不是完全沒錯啊，不用這樣吧？」

妹妹哽咽地說：「姊姊，你不能靜靜聽我說就好了嗎？」

我以為妹妹是希望徵求我的意見，聽她說了這句話，那天狀態特別不好的我瞬間變得非常煩躁。

「剛才不是給你建議了嗎？你自己看著辦吧！」

發生那件事之後，每當我產生向他人提出建議的衝動時，我總會想起妹妹說的這句話。即便對方希望我提供建議，我也會先想到這句話。

「能不能傾聽就好？」

我一直沒意識到自己罹患了「所羅門病」（現在也無法自信地說已經痊癒了）。所羅門病是韓國的新造語，指的是對衝突採取中立，認為雙方都有錯，只想表現出自己很明智的人。以下是幾個罹患這個病會說出的話。

因為裁判偏頗導致我國輸掉足球比賽時，表示：「仔細思考就能理解裁判的立場，選手們往往各說各話，裁判其實也很累。」

組長對因為小事而大聲哭訴的組員說：「你也來當組長看看，就能了解組長有多難當，你應該要多體諒我！」

女兒和朋友一起惡作劇，卻只有她被老師教訓，媽媽卻說：「老師怎麼可能知道真正的情況，你應該要體諒老師。」

朋友說因為聚會時和別人起衝突，所以很難過，我卻說：「我覺得你們兩個都有錯，既然還要繼續來往，你就要學會放下。」

我活到現在經常說類似的話。因此，雖然看似有很多朋友，卻沒幾個親近的人，身邊的人也經常說我很「冷漠」。其實我不是冷漠，而是得了「所羅門病」。媽媽和婆家吵架、妹妹和朋友發生衝突、父母爭吵，我始終保持中立。好朋友和戀人吵架、後輩被上司責罵、朋友有人際問題時，我都選擇站在中間，不偏袒任何一方，並和一切保持距離。我堅信自己是為了他們好，但其實這一切都不是為了他們。這是非常嚴重的所羅門病。

電影《奇蹟男孩》中，因為臉部畸形做了二十七次整型手術的主角奧吉首次離家上學時，老師對盯著奧吉看的學生們這樣說：

「如果要從正確和親切中選一個，要選擇親切。」

過去很長一段時間，我都選擇了「正確」，但我所謂的「正確」，只是披上「建議」外套的偏見，是以微不足道的個人經驗去干涉對方。

當查理．布朗問「史努比，我看不到希望，怎麼辦？」時，史努比說了什麼呢？他什麼都沒說，只是親吻了查理．布朗的臉頰。查理說：「哇，這是最棒的建議。」

史努比真是技高一籌！

即便對方希望我提供建議，
我也會先想到這句話。
「能不能傾聽就好？」

讓人察覺自己受到傷害的方法

我從小就擅長運動，小學時是田徑隊的一員，高中代表全班參加接力賽，出社會後也喜歡馬拉松和劍道。在學習各種運動的過程中，老師和道館館長們經常對我這麼說：

「你的瞬間爆發力很好！」

瞬間爆發力有兩種意思：

1. 肌肉瞬間快速收縮而產生很大的力量。
2. 瞬間判斷後馬上說話或行動的能力很強。

許多專家都這麼說，也因此我可以肯定我身體的瞬間爆發力很好。問題在於，我希望自己的爆發力不只集中在肌肉上，也能分一點在應對突發狀況的言語能力上。

最近我最常聽到的話是「你變胖了」。我這兩年總共胖了大概十公斤，大家都很驚訝又擔心。但是聽到只見過幾次的親戚扔過來的炸彈：「怎麼胖了這麼多？」

我的情緒馬上亮起紅燈，緊接著啟動了「不能在這裡發火」的審查功能，在劍道大會上俐落揮劍的我消失了，只剩下臉上露出羞愧笑容的我。如果對方有良好的觀察力，應該就此停下來，但是，他可能是想確認自己的感覺是對的，所以又開口：「你之前不是很瘦嗎？」

我從來沒瘦過，和那個親戚也不常來往。在場的其他人看我笑笑的，異口同聲地說：「沒有啦，她以前也不瘦。」說完，大家一起哈哈大笑。但我什麼話都說不出口。

某一次，我要和大家一起搭某人的車，卻有人輕浮地說：「你那麼胖，還是坐前座吧！」

正要打開前門的我雖然很不舒服，但我沒有果斷地拒絕，而是笑著說：「好啊！」我總是替自己找藉口，告訴自己這些都是突然發生的，所以很難應付。

但是經歷過幾次類似的事件後，我才正視自己一直因為「變胖」相關的評論而受傷的「事實」。因為討厭自己肥胖的樣子，我甚至閉上眼睛洗澡。由於不喜歡買新衣服時受到太多注目，所以只去大尺碼的賣場。我也討厭拍照，看到照片只會讓我發現自己是人群中體型最碩大的，並因此按下刪除按鈕。

每當我因為變胖而受到攻擊，我很想這樣說：

「你太無禮了！」

「我有這麼好欺負嗎？」

「我不太高興。」

但是，我有時會想，這樣回嘴有什麼用呢？這只會讓我顯得太過敏感且心胸狹窄。對方可能也只會敷衍地表示自己沒有惡意，並為了讓我消氣，給我沒有靈魂的道歉，甚至可能會說：「你不就是那麼胖嗎？」如果之後必須持續見面，回嘴似乎只會為關係帶來不便。

危機應對能力是一種瞬間爆發力，當我的傷口被他人刺激時，對我來說是個危機。我告訴自己，首先，不要被「何必被這種話傷害」這種價值觀影響。因為受傷本就是他人難以理解的私人情緒，但是我們有必要告知對方我們不舒服。

我們必須堅定、優雅且幽默地回應。然而，只有具備爆發力，才能在一瞬間做出這樣的回應，像我這樣的人很容易徒增副作用，百分之百會結結巴巴地結束對話。那麼，我們究竟該如何表達自己的不愉快呢？

雖然很難直接發火，但我認為最好的方式是用「瞬間沉默」來讓對方閉嘴。一般人都會察覺到對方的「瞬間沉默訊號」（我們先相信我們面對的人有這種sense）。如果對方仍舊沒有察覺，那我們就進入「第二次沉默」，不回應對方。此時，也許周遭的人也會替我們說句話。

對方查覺到訊號停止說話或道歉後，我們再以微笑回應也不遲。如果和我一樣沒有能果斷、優雅且幽默回應的瞬間爆發力，請不要笑，保持沉默吧。我們替對方的話劃上句點，給他時間反省。我想對那些為了培養爆發力而消耗過多精力的人說，瞬間爆發力是與生俱來的，就像我的身體即使變胖，也依然能保持同樣的爆發力，不需要勉強自己，就以沉默來應對吧！

”

不要被「何必被這種話傷害」這種價值觀影響。

因為受傷本就是他人難以理解的私人情緒，

但是我們有必要告知對方我們不舒服。

如果希望停止說出傷人的話，好好休息吧

不久前，我去一所位於鄉下的女子高中演講，九十分鐘的演講過程中，不知為何我一直覺得有種違和感。演講結束後在回首爾的火車上，我仔細想了想。

首先，我已經很久沒看到不化妝的素顏高中生了。學生們舉手發言時，同學們都會發出「哇！」的歡呼並鼓掌，在發表自己喜歡的人時，回答「父母」或「老師」的學生佔了百分之三十，在這所學校的兩個小時，我完全沒聽到任何髒話。很多人可能會認為我是想闡述「這些孩子與都市小孩相反」，但我想說的不是這個。我只是覺得，

那些孩子所說的話和我回父母居住的鄉下時所聽到的話類似。我也從親近大自然的孩子們身上感受到語言帶來的舒適和從容。

美國加州大學和亞利桑那大學的共同研究小組，以一百四十三人為實驗對象進行兩天的對話錄音分析，結果顯示，壓力大的人比壓力小的人更常使用「非常」或「真的」、「太過」等詞語。這些詞是進一步強化情緒的副詞，說明心情和情緒更加高漲。另外，壓力大的人，比起第一人稱代名詞「我」，更少使用「他們」等第三人稱代名詞，這是因為他們較少關心外部世界。

我們回想一下自己在生活中說的話吧。過度工作以及有著成果壓力下說出的話、誹謗和指責上司或後輩的話、與他人比較時貶低自己的話、戴著面具表裡不一的話等，都是因為無法休息所吐出的情緒化粗暴言語。

經過學生時代的激烈競爭，我們在不知如何休息的狀態下長大，變成如果什麼都不做反而會感到不安的大人。這種不安有時能成為自我開發或成長的跳板，但是如果不能好好休息，我們內心的想法和說出來的話都會變得很粗魯且極端，並且更容易批評和指責他人。

那些因為工作壓力而說出粗魯話的人大部分都熱衷工作，希望工作量和成果都處在領先的地位，因此上班比別人早，頻繁加班，有時連周末都把時間貢獻在工作上，人際關係也都是和工作有關的人，因此對話都是和工作有關的話題。生活完全被「工作」包圍，是不知休息為何物的人。

和這樣的人對話時，他們往往會大談三、四個小時上司或後輩的問題、同事們有問題的個性或瑣碎的壞習慣、公司內部的衝突，以及自己在公司有多累，受到的傷害有多深。不僅如此，上司不合理的管理方式、對年薪或公司制度的不滿、與同事的紛爭或因為彼此的私心所編造出的壞話，也是常出現的話題，還常常加入看似只有自己受害的憐憫與自嘲。

我也曾經是這樣的人，對工作過度熱情，經常和他人比較，在自卑感和優越感之間來回穿梭。每天都不斷想著要進修，總是覺得世界上最辛苦的人就是自己。熱情越高，自尊心就越低，比較和自嘲的話漸漸支配了我。但是，受害的並不只有我一個，我的壓力成為傷人的言語，對某些人來說甚至可能成了匕首。我說了許多會引起誤會並造成傷害的話。

學了一年的文學治療後，我才意識到，我從來不知道該如何好好休息，並且只用工作或特定的成果定義自己。

我過去熱衷的事不是我的全部，雖然要努力工作，但不能被工作支配，必須適時放下工作並好好休息，只有這樣，我才有將心中的好話說出口的餘裕。請大家不要忘記，如果不適當休息，不僅自己會受傷，也會不斷說出傷害他人的話。

內在小孩

《清秀佳人》的主角安妮被村裡的阿姨指責外貌，她紅著臉，跺著腳，嘴唇瑟瑟發抖地說：「你怎麼能說我又瘦又醜？還批評我滿臉的雀斑和紅髮，你是無禮且無情的人！」

安妮對任何人都很親切，唯獨對毫不留情地攻擊批評她乾瘦身材及紅髮等，觸動她外貌自卑情結的人，會不留情面地反擊。不只這位阿姨，和安妮同班的同學吉爾伯特嘲笑安妮是「紅蘿蔔」，結果上課時被她猛打頭部。安妮說她不想看到吉爾伯特，第二天就沒去上學了。

十一歲孩子的自卑情結是從什麼時候開始的呢？安妮一出生就失去了父母，因此她沒能得到溫暖的照顧，被幾個家庭丟來丟去後進了孤兒院。夢寐以求的領養好不容易實現，卻又陷入可能會破滅的危機，她失落地說：「湯瑪斯阿姨說沒見過長得比我更醜的孩子，而且瘦到只剩骨頭……我成了孤兒，阿姨又不喜歡我，其他人也不知道該拿我怎麼辦，當時也沒人想收留我。」

安妮小時候因為沒有人願意收養，令她傷心不已。她將「難看的外貌」當作無法被領養的原因之一，如果有人批評她的外貌，就無法承受，並表現出與平常親切的自己不同的憤怒，因為外貌被攻擊聽起來就像自己的存在被否定了。

每個人都和童年時受過傷的自己一起生活，這就是所謂「內在小孩」。長大後再遇到類似的情況時，多少就會因此產生有些幼稚的言行。

家庭諮詢專家催光鉉在《以為時間久了，我就會沒事》中這樣說道：

「在人際關係中遇到不舒服的事情或產生與過去受傷時相似的情

境時，瞬間就會產生無法以成人的理性認知或判斷的反應，就像小時候受到傷害時一樣。雖然已經是大人了，卻會像孩子般用幼稚的方式應對。」

小時候，只要一到父親回家的時間，媽媽、妹妹和我就會開始緊張地收拾家裡。因為父親一回到家就會仔細檢視，如果家裡亂七八糟便立刻大聲罵人。如果真的是因為沒打掃而罵人也還可以理解，但父親在疲憊或心情不好的時候也會生氣或罵人。因此，小時候只要父親在家，我就會覺得很悶。只有我們母女三人在家時，氣氛很平靜，但晚上父親回家後，我們就必須找到各自的位置，像有條不紊的軍隊般生活。

問題是結婚之後，到了先生回家的時間，我常常會不知不覺地感到不舒服且緊張。我會在先生剛進玄關時就憤怒地指責他，藉此發洩那份不悅的情緒。

「為什麼買那個回家？家裡還有耶！」

「天氣那麼冷，你怎麼又穿這件？」
「不是叫你刮鬍子再出門！」
「你又抽菸了吧？」
那一瞬間，我變成了父親。我會這樣罵先生，也許是為了消除兒時經歷的鬱悶和不自在的情緒。對與我童年無關的先生來說，這真的很抱歉，但我卻對突然湧上心頭的情緒無可奈何。
當我意識到自己的內在小孩時，起初很痛苦。成年後讓我感到痛苦的幾個問題，都是小時候經歷的傷痛造成的，這個事實本身就讓我難以承受。公司或團體的負責人、長輩或權威人士常常會讓我覺得有攻擊性，與好友、另一半和家人都有情感上的距離。意識到這些，讓我感受到長時間抱著這些不安，並努力掩飾的自己有多辛苦。
就像安妮對批評自己外貌的人有與平時不同的激烈反應一樣，我對可能想控制自己言行的人也做出了這樣的反應，還將童年的父親投射到親近的先生身上，製造了我們之間的距離感。

要克服內在小孩的課題並不容易，但至少可以照顧那個孩子。內在小孩不是我一個人照顧的。正如安妮有瑪莉拉阿姨和馬修叔叔一樣，我也有很深且完整的愛治癒我。先生下班回家時總是滿臉笑容，用溫柔的聲音叫著我的綽號，走過來緊緊抱住我。因此我慢慢放下兒時的父親，也用淘氣且充滿愛的聲音叫著他的綽號，不再罵他和嘮叨。

在某些情況下，當負面情緒湧上來時，我還是會因此說出自己也無法理解的話。但即使再累，我們也要學著傾聽內在小孩的聲音，因為沒有人安慰的孩子也許正蜷縮在內心一角發抖。

和父母、朋友、另一半聊天時，他們也是一樣，有時會說出與平時不同，讓人懷疑自己耳朵的話。雖然從他們的年齡和社會經歷來看，似乎完全不是會說出這些話的人，卻瞬間就說出非常幼稚且毫無意義的話。當內心受到刺激時，人們往往會為了保護自己而生氣，或說出攻擊他人的話。這很可能是因為在理性尚未運作的空檔，內在小孩從心裡的一角冒出來。

現在，每當與親近的人對話時，如果對方強詞奪理，或表現得很幼稚，我就會這樣想：「難道現在我看到的是這個人的內在小孩嗎？」

這麼一想心裡就踏實多了，因為我的內心也住著這樣的孩子。雖然很難用這種方法理解所有的衝突，但這麼想對關係是有幫助的，因為每個人的心裡都住著一個受過傷的孩子。

沒有一〇〇%正確的話

《白雪公主》中的壞皇后每天問魔鏡好幾次自己美不美，她希望透過魔鏡的「話」來確認自己是世界上最美麗的人。

「皇后是世界上最漂亮的人。」

皇后對魔鏡的回答感到欣慰，但又不完全相信這句話，總是聽完就感到不安。她也許從未覺得自己美麗，也沒有勇氣面對自己不美的樣子，所以需要魔鏡的安慰。皇后試著相信魔鏡說的話是「事實」。但是魔鏡的話改變後，她又被那句話所左右。

「皇后很漂亮，但白雪公主更美。」

聽到有人比自己更漂亮，皇后走上了崩潰之路。看起來很強勢的皇后為什麼那麼容易被魔鏡的話所影響呢？穿著華麗的衣服、向魔鏡詢問自己是否漂亮的皇后非常可憐，我似乎從她身上看到了自己因為太過在意他人的話，變得很敏感的樣子。

假設朋友或另一半對你說「那樣你也做不到嗎？」、「都是因為你」、「無法理解你」、「你怎麼可以這樣？」等消極的話，很少有人聽到之後還能冷靜地問對方為什麼會這麼想，或者聽過之後卻不在意，通常會試圖證明「我不是這樣」。

為何會想證明「我不是這樣」？如果對方持續指出我的問題，我沒有證明這不是事實，那麼我就會不知不覺把對方的話當作事實，即使對方的話完全錯了，我也難免會被那句話影響。

但是這些話真的值得相信嗎？很多人會在情急之下說出錯誤的話，那些話通常不是真心話。話不代表對方全部的想法，往往只是部分的意見。由於這些意見非常主觀，因此無法斷定是否正確。這只是對方站在他的立場上提出的狹隘見解。況且不論對方說了什麼，也不能確認這是不是他真正的想法。因為一個人的話中往往還夾雜著許多人的意見。

話往往是即興且衝動的。然而，話有說出後無法再收回的致命缺點，有時甚至會摧毀之前努力經營的關係。看似有邏輯的話仔細思考後也許漏洞百出，表面上好聽的話裡可能藏著誇張和吹牛。

我們很清楚話的這種特性，許多名言、語錄、諺語、成語都教導我們，話是不可靠的，我們必須時刻小心。但是，我們仍然常常把某人說的話當作「事實」，並因此傷心難過。請記住這一點。

不需要完全相信他人所說的話。

如果是想定義我們的話，就更不用相信了。「你是這樣或你是那樣的人」這種話，無論是稱讚還是指責，都只是說話者的想法而已。世界上沒有哪句話可以定義我們，我們不是任何一句話就可以定義的。

皇后如果領悟到這個事實，就不會以那麼可憐的樣子問魔鏡自己是否美麗。即使問了，也不會認為魔鏡的回答是事實。

chapter

3

不被稱讚所左右，不被指責所動搖

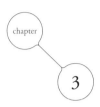

對方有自己的立場

美國總統約翰・亞當斯某天在日記中這樣寫道：「我和查爾斯去釣魚，今天是我這輩子最慘的一天。」他九歲的兒子查爾斯也寫了日記：「我今天和爸爸去釣魚了，這是最棒的一天。」（引自《好問題，建立好關係》一書。）

以上兩個人的說法，你站在哪一邊？

如果是養育過子女的人，就能理解父親每天都需要辛苦工作，卻還得抽時間陪子女玩的難處何在。有些人則會想起自己小時候從未和父親玩過，所以很羨慕查爾斯。如果你是一位母親，可能會埋怨這個以忙碌為藉口，忽視與子女相處時間的父親。但是站在子女的立場上，你也許會稱讚他不顧疲勞送給兒子最好的禮物。另外，或許有人會擔心這對父子的關係。有些人可能會覺得一起釣魚卻有不同的想法，實在很有趣。某些人會為父親和兒子的日記打分數，也有人會先搜尋約翰．亞當斯是美國第幾任總統。

如此短的故事，會引發各種立場，這些立場都沒有對錯，都有各自的道理。每個人都對不同的面向有共鳴，即使別人的意見和我不同，也沒有理由指責。

人際關係又是如何呢？仔細聽人與人之間的對話，就會發現所有的人都是站在各自的立場上說話。只站在自己的立場上說話，可能會傷到別人。尤其是為了表明自己的立場，認為對方的立場沒什麼大不了的態度，更容易造成傷害。如果能理解對方有不同的立場，已經是萬幸，因為很多人根本沒思考過對方的處境。

但是也有相反的情況，有些人會努力了解對方的心意和處境，很有同理心。他們天生擁有寬容的特質，也常常反省自己。然而，一般人要做到這一點並不容易，即使做到了，也很難勉強自己在理解並同理對方的同時進行對話。但是如果不這麼做，將會產生嚴重的後遺症。

有些人會批判討厭不同的立場，表面上卻假裝理解，或是只顧對方的立場而拋棄自我，還貪心地把自己塑造成「善於理解、有高度同理心且擅長溝通」的人。事實上，上述的一切我都經歷過。

我努力在與他人發生衝突時，站在對方的立場上，即使是攻擊我的人，我也會為了理解並同理對方費盡心思。這不是因為我很善良，而是我的個性很固執，希望自己能被所有的人喜歡。因此直到了解對方前我都會非常執著，並不斷折磨自己。因此，我經常說這些話：

「啊，我真的無法理解。」

「我想理解那個人，但無法理解。」

有一天，我又對先生說我沒辦法理解某個人。

他卻說：「我知道你有想理解所有人的執著，但這是不可能的。」

我覺得這句話很有道理。

雖然當下我覺得怎麼能這麼想呢？如果不試著理解對方，那該如何化解衝突呢？

但從那之後，每當與人發生爭執時，我就會想起先生說的話。

「想理解所有的人是不可能的。」

是的。只要知道對方的立場不同就好了，這樣我們就會輕鬆許多。如果不觀察對方的立場，就無法順利對話，從而引發衝突，但是如果硬要理解對方的立場，就無法好好表達自己的立場，或責怪自己無法了解他人的心。況且，如果打從一開始就不是真心想了解，對方也會本能地意識到這一點。因此我決定只記住以下這一點：

「不要理解對方的立場，只要知道對方的立場與自己不同。」

最重要的是要先釐清自己的立場，對方的立場是其次。只要知道對方「有」立場這個事實，你就已經是個了不起的人。世界上有許多人連知道對方立場不同這點都有困難。不偏離自己的立場才是守護自己並維持關係的好方法。

想理解所有的人是不可能的。
只要知道對方的立場不同就好了，
這樣我們就會輕鬆許多。

你只喜歡你塑造的我

電影《歡迎來到北方》講述郵政局長飛利浦調職到惡名昭彰的法國北部貝爾格工作後發生的故事。位於貝爾格地區的南錫，具備一般人不願意接受的所有居住條件，例如冷到腳可能會黏在冰上的嚴寒、嗜酒成癮且常吵架的居民，甚至還有完全聽不懂的方言。飛利浦不忍心帶家人去那麼可怕的地方，所以選擇獨自赴任。

一到南錫，飛利浦就對陰冷的雨，以及前來迎接自己的郵局員工的可疑行為感到恐懼。更讓他發瘋的是方言。他一邊確認聽不懂的發音，一邊嘗試對話，但南錫方言對他來說就像外星語。貝爾格方言用韓語來比喻，相當於全羅道使用的方言。

「我在南錫郵局尋找我的南錫生活，希望我的南錫意識能幫助我更適應南錫。」

飛利浦在前幾天只願意接受符合「北方很可怕」這個偏見的資訊，因此更加堅信自己對貝爾格的看法，他完全無視村民們的親切和幫助，以及天氣比想像中暖和等與自己的刻板印象相反的事實。

在電影中，飛利浦的言行真實地展現了我們被偏見束縛的模樣。偏見是為了證明自己對他人的評論或判斷正確，因此將對方的言行都納入自己框架的固執心態。為什麼會產生這樣的心態呢？是因為不想承認自己錯了。

電影中段，飛利浦發現自己的想法是錯的，他開始享受在北方的生活，也與村民們建立了友誼。然而，現實生活中的狀況通常是如何呢？我們對一個人的偏見或刻板印象，是否如電影中那麼容易拋棄呢？

我的戀愛模式幾乎每次都差不多，往往是我一見鍾情，主動接近對方後交往。但是剛交往時的甜蜜只是一時的，隨著時間的推移，對方就會開始露出本性。但也不能說是對方隱藏原本的面貌，而是我沒看到，即使看到，我也把這些缺點當作小事並刻意迴避。

我堅持對方是我一見鍾情時的樣子，一直談著不成熟的戀愛。如果對方不能保持最初的樣子，我就會懷疑對方的愛，也不知不覺用這種方式衡量愛情。這在戀愛初期不會有太大的問題，因為在初期，兩人都努力展現能迷住對方的自己。但是繼續交往，這些樣子就會變得越來越模糊，戀情的長短則取決於能接受真面目多久。某次，男友對我這麼說：

「你只喜歡你塑造的我。」

沒想到我會聽到像是電視劇台詞或歌詞的話。我當時不太明白這句話是什麼意思，只知道他想傳達我只喜歡某部分的他，但他其實是在指責我只執著於一見鍾情時的他。

喜歡某個人時，我們往往會刻意不看對方討厭的地方。相反地，若討厭一個人，我們會對他討人喜歡的地方睜一隻眼閉一隻眼，甚至為了證明對方很討厭，努力收集他討人厭的證據，只因為不想承認自己判斷錯誤。

如果特別不喜歡某人的言行，或對他很敏感，我們會不由自主地仔細審視對方的一舉一動，收集所有能證明自己偏見的東西。為了維護關係，我們必須快速且瀟灑地承認：

「我隨時都可能犯錯。」

不被稱讚動搖
才能不被指責左右

能在聊天時表達情緒的表情符號中，有一個表情符號是無條件稱讚，它通常用在以下的情境中。

你還能呼吸啊，很棒喔。

你工作的樣子很讚。

腸道運動很活躍喔，太好了。

讀空氣也是一種才能，做得好！

看著這個表情符號，我忽然想起高中時的自己。當時我的綽號是「稱讚醬」。因為很常誇獎別人，所以朋友們為我取了這個綽號。表面上看起來是暖洋洋的外號，但實際上並非如此。

「哎呀，不用問有珍啦，她什麼都說好看。」

不分時代，十幾歲的青少年對包包、運動鞋、衣服，甚至是文具等的設計、顏色和品牌都非常敏感。但是，每次朋友們問我的意見時，我都會回「很好看、漂亮、很棒」。是因為我對時尚或設計沒有自信嗎？還是因為家境貧寒，所以我打從一開始就沒興趣？或是為了得到朋友們的喜愛？嚴格來說，這三個因素都曾影響我，其中，第三個理由是最主要的原因。

現在的我又是如何呢？我的稱讚大部分是為了親近他人。高中時成為「稱讚醬」或許也是為了交朋友。因此，雖然當時人緣看似很好，全班幾乎沒有和我不熟的人，但是卻沒有真正的摯友。

我為什麼要為了與人建立關係而選擇稱讚別人呢？可能是因為我很容易受對方的心情或情緒的影響，也很習慣看別人的臉色。雖然我現在比以前好了一點，但仍然保留了一些這個特性，我相信只有讓對方心情變好，我們的關係才會好。

另一個選擇稱讚別人的原因是，我是喜歡被誇獎的人。但是喜歡被稱讚的人，往往對批評也很敏感。總而言之，就是對別人說的話會有很大的反應，而且容易被他人的話所左右。然而，如果總是輕易被如同蜜糖或匕首之類的話所動搖，人際關係就很可能因為一句話而變好或變壞。

因為工作而認識的P是非常親切且細心的人。他的話很多，口才很好，所說的話有一半是稱讚。我們才剛見面，他就對我大加稱讚，讓我聽了很不好意思。為了不負過去「稱讚醬」的綽號，我也誇獎他的成果，此後幾年我們經常互相問候，並一起工作、吃飯。就這樣，我們透過稱讚累積了友情。

但是不知從何時起，我開始覺得他讓我很不舒服。我感覺到他的稱讚中有太多的空洞，甚至包含許多空頭支票，因此難以判斷他說的哪些話是真心的。漸漸地，我開始把他的話當成耳邊風。

最後，我終於委婉地指出這個問題，他似乎也感受到了我的不愉快。比如，他多次說要一起做某個計畫，但是卻遲遲沒有履行，對於這個空頭支票，我表示：「我們好像很難共事，不如就當一般朋友也很好。」我也開始對他浮雲般、沒有靈魂的稱讚保持沉默。某天，我發現自己已經兩個月沒聯絡他了，於是打電話問候。

「……喂？」

自從認識他以來，這是第一次聽到他如此冰冷的聲音，我甚至懷疑他是不是刪除了我的電話號碼，因為那是回應陌生電話的語氣。我對他不同以往的反應感到驚訝，臉也因此發燙，簡單問候就掛了電話。從那以後，他也沒再聯絡我。

我沒能聽到他的說法，所以不知道發生了什麼事，但是比起疏遠的關係，我更遺憾的是我們建立的是互相稱讚的膚淺關係。容易因為他人的話受到傷害和動搖的兩人，緊緊貼著稱讚這個OK繃，但是這樣的關係既脆弱又危險。一旦某個人隱約意識到這個問題，這段關係就無法再維持下去。

和他疏遠後，我仔細思考過去我所說過的稱讚。那些不真心，為了與人和睦相處或建立親密關係而說的話，究竟削弱了多少關係。因為稱讚而親近的關係終將因為這些膚淺的話而結束。

在關係中的過度稱讚有時會成為相互束縛的陷阱，並讓人時刻當心自己無法符合這些稱讚，甚至為了讓自己符合稱讚的內容花費過多的精力，或因此說謊、開空頭支票，就像為了演戲穿上不合身的衣服一樣，很容易感到不舒服。我們會因此不能與人坦誠相待，關係也會受損。甚至可能會讓我們落入以下的狀況。

「我的外號是解決師，所以孩子們一有問題就會跑來找我，這實在很傷腦筋，為什麼會對我有這麼高的期望呢？」

「部長每次開會都說我工作做得很好，讓我常常周末都要加班，好累。」

「大家都稱讚我是孝子。為了不辜負這個稱讚，我很認真照顧父母。但其實我不太喜歡他們，我覺得自己好偽善。」

「男朋友的朋友都說希望有像我這樣的女朋友，所以我覺得自己好像有義務讓大家知道我很棒，因此我常常只在社群軟體上傳幸福的照片，但事實並非如此……」

「雖然我很會讀書，但我希望聽到別人誇讚我的外貌。所以我一邊減肥一邊讀書，但實在太累了，好想放棄一切。」

「大家都說我充滿熱情，我總覺得好像時時刻刻都有人在看著我，所以不管做什麼都要很努力，但我覺得負擔好重。」

法尚大師說：「稱讚和批評是同根的。只有不被稱讚所左右，才能不被批評所動搖。」只喜歡聽恭維的好話，身邊就會聚集那樣的人。一群脆弱的人聚在一起反覆稱讚或批評對方，不用多想也能知道結局是悲傷且令人遺憾的。即使大家都是好人，但如果承受他人稱讚或批評的能力很弱，也會送走寶貴的緣分。

看著手機裡的電話簿，想想親近的人吧，想想自己是否因為這種對話而和他們維持著扭曲的關係。比起只會恭維的人，我們更應該積極認識心地善良且堅強的人。為了培養健康的關係，即使是再好的稱讚，也該有個限度。

”

在關係中的過度稱讚有時會成為相互束縛的陷阱，讓人時刻當心自己無法符合這些稱讚。我們會因此不能與人坦誠相待，關係也會受損。

最近與「老人」的對話方法

我比較晚結婚，是兄弟姊妹中最晚的，妹妹也結婚後，每次參加家庭聚會都會受到長輩們的關注。

「有珍啊，你該結婚了吧。」

「哎呀，什麼時候才要請我喝喜酒啊？」

「唉呦，你該不會不結婚了吧？」

這些是擔憂、指責，或只是單純的問候？是真的擔心沒結婚的我，還是羨慕不結婚、能享受自由的我呢？我起初承受很大的壓力，但自從得出這只是「打招呼」的結論後，我就釋懷了。

然而，覺得人生就是要依序完成工作、結婚、買房並生小孩的父母一輩來說，選擇不同生活模式的年輕一代似乎很令人擔心。年輕人對這類關心的反抗也很強烈。一則諷刺性新聞大受年輕人歡迎，報導中提到過節時如果要問年輕人私人問題就必須付錢。

父母那輩人沒有意識到這不是個別年輕人的問題，而是社會結構的問題，只會感嘆：「唉，現在的年輕人！」

另一方面，年輕人們則盲目貶低那些想要指導他們的人，或將那些建議視為落伍或固執。他們這樣稱呼所有的長輩：「老頑固！」

這是一個對立言論在網路上快速流通的時代。不知從何而來且如何產生的資訊不知不覺地傳播，並且在沒有餘裕多加思考的情況下就消失。特別是像「最近的年輕人」或「老頑固」之類的話，在社會階級、性別及世代對立的人群中擴散開來，並且進一步擴大了不同群體的鴻溝。許多人都在沒有親自見過某些人的情況下，就將他們放入特定的社會或群體範疇中，並輕率地定義他們。

在網路上罵無禮詢問私事的長輩是「老頑固」的年輕人，多半會把父母那輩，不，是所有年紀大的人納入老頑固的範疇中。相反地，說年輕人「都在玩，該做的都不做，令人心寒」，或是稱他們「無禮八年級生」的長輩，可能會把所有沒見過的八年級生定義為「最近的年輕人」。

但是，在網路上透過文字看到的情況與實際狀況相符嗎？或許會有更糟的情況，但並不是所有的人都是這樣。如果用那些形象定義身邊的人，就無法真正了解他們。

與情人的關係又是如何呢？沒有人第一次就能熟練地談戀愛。戀愛是談過很多次也很難熟悉的，因為與人交往是很困難的事，所以我們總會很認真地詢問別人的經驗，找前輩或朋友一起喝酒，或上網尋找有用的戀愛資訊等等，這是大家都會做的事。

但是，如此大量的戀愛資訊有時反而會成為妨礙戀愛的因素，因為這會讓我們無法容忍與自己交往的人，脫離大家規定的理想情人標準。看到這些戀愛時至少會經歷一次的煩惱，請思考一下你所擁有的戀愛標準或定義，是出於自己的經驗，還是來自別人的分享。

曖昧、告白、相親、戀愛、紀念日、活動、對戒、禮物、旅行、簡訊、聯絡、減肥、執著、爭吵、衝突、風度、金錢、三角關係、傷痛、關懷、幽默、感覺、約會、外貌、離別、接吻、性愛、結婚。

哲學家姜信珠在演講中說過這樣的話：

「我曾以年輕人為對象開了講座，有個年輕的聽眾這麼問我：『老師，我們何時該親吻對方呢？』」

這位聽眾難道真的是因為好奇才問這個問題嗎？如果在實際談戀愛之前要一一掌握戀愛流程、約會方法，甚至親吻時機等戀愛資訊，否則就無法談戀愛的話，最好先檢視一下自己對戀愛的定義。

如果用刻板印象來定義對方，就無法真正了解對方。談戀愛時希望對方像男團或女團偶像，就像世代之間互相把對方視為「老頑固」或「最近的年輕人」一樣。自己親自去聽、去看對方的言行，才是認識「人」的最佳方法。這是任何方法都無法取代的。

在爭吵中退一步
不代表輸了

不久前剛上小學的姪子和朋友起了爭執，不知是什麼事讓情況變得更複雜，這似乎也傷了兩位媽媽之間的感情。但是第二天去學校的路上，姪子突然說了一句話：

「媽媽，我還是很喜歡○○。」

這句話給了那些斤斤計較的狹隘長輩們重重的一擊。有一次，我看到姪子在學校發的檢查表上所寫的回答。

我覺得我懂韓文嗎？

我覺得我了解數字嗎？

我覺得我和朋友們相處融洽嗎？

我覺得我在學校守規矩嗎？

雖然我記不得所有的問卷內容，但這個表格的重點是「我是如何看待自己的」，目的則是在檢視自尊心和自我信賴度。姪子的回答只有一項「普通」，其他的回答都是「非常好」。

我們也曾和這個孩子一樣。我們也有即使和朋友吵架，也能說出自己還喜歡對方的勇氣（不要說是因為孩子太單純），在父母或親戚面前毫無顧忌地展示自己特長的自信，埋頭玩遊戲的集中力，以及大笑大哭的坦率。

但是越長越大，我們卻越害怕這種勇氣會被說是「傻瓜」，恐懼說出自己擅長的東西會被認為是「自大」，或直率的情緒會被指責是「衝動」。「別人怎麼看待我」總是比「我如何看待自己」更重要。但是，只有仔細審視「我如何看待自己」，才能靈活應對人際關係中出現的問題。

生活中指責自己最多的人是誰呢？每當發生什麼問題時，折磨我們的人就是自己。在與他人發生爭執時，把自己逼到角落，抓住過去的事不放，不斷折磨我們的也是「自己」。

「是不是因為我才發生這樣的事？」

「一定要做到這種程度嗎？」

「這樣下去，大家都會離開我，怎麼辦？」

佛教經典之一的《阿含經》中有「不要中第二枝箭」的說法。有一天，佛祖向弟子們講述智者和愚人。每個人在生活中都可能中箭，如果被箭射中，無論是身體還是心靈都會受到傷害。但是智者會結束第一次痛苦，愚人則會製造「第二枝箭」，再次折磨自己。所以不要在第一次的痛苦結束後，再增加一次痛苦。

回想自己與他人發生衝突的經歷，我和對方都曾在第一枝箭後就停下來，但也曾因為第二、三枝箭遍體鱗傷，即使我不射箭，結局往往也不溫馨，因為即使我停下來，對方也會繼續拉弓，雖然有時也會發生相反的情況，然而，兩種情況的結局是截然不同的。第一枝箭停下來後，我很少會再批評自己，但是如果選擇回擊，我就會在事後責怪自己。

射出各種箭的人也許看起來像是在爭吵中獲勝了。但是，不射第二枝箭，有修養的人才是最後的贏家。吵架時，即使稍微退一步，也不代表輸了，因為沒有將第二枝箭射向自己和他人。但是不射出第二枝箭的修養從何而來？

古倫神父（Anselm Grün）在《非常珍貴的我》（Selbstwert entwickeln, Ohnmacht meistern. Spirituelle Wege zum inneren）中提到「任何人都不能干涉的自己」，意思是要確信自己存在的價值，這是能順利消化第一枝箭，且不用射出第二枝箭也能忍受的力量。能做到這兩件事且不受傷害的方法取決於「我們如何看待自己」。讓我們來回答以下幾個問題吧。

	是	普通	不是
我常常和他人發生衝突。			
我有力量抵擋第一枝箭。			
我可以不射出第二枝箭。			
我心中有個「任何人都不能干涉的自己」。			

也請回答最後一題，但這題的答案已經決定好了。

	是		
我覺得自己很棒。			

”

只有仔細審視「我如何看待自己」，
才能靈活應對人際關係中出現的問題。

似對話非對話的表情符號

我在咖啡廳工作時，坐在旁邊的兩名二十多歲男子一臉嚴肅地看著手機。兩人一起坐在咖啡廳各自用手機在現代並不是什麼特別的情況，但是其中一個男人將手機遞給朋友說：「你看看。」

拿起手機的朋友一臉凝重地看了手機後，說了一句：「她好像不喜歡你。」

接過電話的男子不高興地說：「是吧？我也這麼覺得……」

原來他是把曖昧對象傳來的訊息給朋友看，詢問朋友對方是否對自己感興趣。我一邊聽著他們的對話，一邊因為覺得有趣而在心裡偷笑。但是用文字訊息猜測對方心意，而且只能交由朋友解讀，這樣的不安實在令人感到惆悵。

認識一個人、交往、分手不一定要面對面對話。即使在科學沒那麼發達的過去，人們也會以寫信的方式交流並聯絡感情。現在人與人之間的對話量變得非常龐大，幾乎沒有不進行對話的時刻。

以簡訊和社群軟體談戀愛或維繫友情也是很自然的事。很多人透過曖昧對象傳來的訊息猜測對方的心意。訊息成為能夠讀懂當事人內心的根據。但是如果習慣用自己的方式解讀訊息，並藉此斷定對方的心意或關係會如何呢？也許我們會漸漸認為直接見面並對話是在浪費時間或精力。然而，即使在網路這個虛擬空間有許多交談，仍然會有許多無法說出口的情況和故事。

就連我們出現爭執時，也很常只想靠訊息和表情解決，沒有時間等待彼此。在網路上解決衝突的順序是從「隱藏（或切斷）聯絡人」開始，接著在臉書等社群媒體上斷絕朋友關係，或離開聊天室等，在刪除聯絡方式之前斷絕所有網路上的關係，藉此表達自己的情緒。另外，還會更換聊天軟體上的照片和文字，將自己的心情告訴所有人。這就是「網路絕交」的過程。然而，並不是只有友情才會用這種方式結束。不管是曖昧對象，還是長期維持關係的人，以這種方式分手的情況變得越來越常見。

網路對話為我們的人際關係和溝通立下功勞。前面也說過，人際關係不是只有面對面對話才能維持。但是網路對話多少是單方面且自我中心的。網路對話確實比面對面對話更冷靜，比單純的文字更親切，兼具了理性與感性，但有時卻會因為看不到對方，所以更容易衝動，且存在同理心不足的盲點。雖然對話量很大，但理解程度更淺，甚至妨礙了傾聽。我們會更容易錯誤推測並詮釋對方的意思，因此，如果養成透過訊息相互交流的習慣，會讓人更容易產生誤會。

連接我和他人的網路亮起了「隨時都可以」的燈光。但是，這盞燈似乎並不總是將我們的對話和人際關係引向平坦的道路。這似乎只是給我們一種能持續溝通和對話的錯覺，這盞燈更像是告訴我們無法在實際的起跑線上站穩的警示燈。

我們連在完全沒準備好對話時，都會不斷收到他人的訊息，此時，這究竟還算不算是對話？還算不算是戀愛？或只是曖昧？是真的要繼續維持關係，或只是假友誼的安慰？我們必須釐清這是打開溝通大門的光，或是不斷閃爍，警告我們不該繼續行動的警示燈。雪莉・特克在《重新與人對話》中這樣提到。

我們是不是拋開了同理，朝「同理的錯覺」移動？是否拋下了友情，向「友情的感覺」移動了？

如果看到對方傳來的訊息，草率猜測並判斷對方的心意，那麼我們的內心也會以同樣的方式被對方推測和解讀。坐在咖啡館裡的我之所以仔細觀察推測對方心意，還拜託朋友解讀訊息的那個男人，是由於他的樣子我並不陌生，因為我也曾經和他一樣。

無力感和背後議論的關係

成為自由接案者後，我思考過自己是否曾在背後議論過別人，因為現在我必須和事事親力親為的完美主義者們一起合作。但是那些我認為是完美主義者的人，真的是無法討論或協商的對象嗎？不是那樣的，他們都是有彈性的人。

我只是不喜歡在協調瑣事和達成協議上花費過多精力。我明白，自己無法拿到工作的主導權，這算是一種無力感嗎？但是這之中也隱藏著我的小欲望。我會在嘗試協調時，計算可能對我造成的不利。在考慮不利因素後，我往往會選擇簡單輕鬆的背後議論，代替消耗更多能量的協調以及溝通。

在公司時又是如何呢？與同事們說公司或上司的閒話是很自然的事。這是同事之間的共同話題，也是能夠最大限度展現自己立場的唯一方式，更是緩解工作壓力的一種輕鬆娛樂。但是，如果公司內不合理的問題能夠解決，有方法能與為難人的上司或同事直接協調或討論某些問題，那麼背後談論就會大大減少。這與社長或有能力的主管不在背後說人閒話的道理相同。他們會當面說，不會私底下議論。

在家裡也是。小時候，母親總是告訴我她對父親的想法，而且多半是負面想法。雖然現在局勢已經發生了相當大的逆轉，但當時家裡力氣大的是父親。母親可能覺得自己無力反擊，因此用背後議論來抒解無力感和壓力。那父親呢？父親從沒向我議論過母親，因為他有力量解決夫妻之間的問題，所以沒必要向年幼的孩子訴說。

並不是所有的壞話都來自無能為力，但是大部分的背後議論都會發生在「現實中無法做些什麼的時候」、「沒有協調問題的方法或能力的時候」，或者「正面衝撞對自己不利的時候」。相反地，對於自己能解決和主導的問題，我們就不太會在背後議論。因為如果目標是解決問題，就沒有必要花時間誹謗。

「壞話殺了三個人。被議論的人、聽壞話的人，以及說壞話的人」，即使不提猶太教經典《塔木德》中這個著名的教訓，我們也已經非常了解背後說壞話的影響。一起在背後談論他人或說壞話的關係是如何的呢？在公司把對上司或公司的不滿當作談話主題的人，辭職後人際關係很難維持。因為即使在公司看似親密，但只要共同的敵人消失，兩人的維繫也會隨之消失。長期團結他們的是對公司的不滿、對上司的憤怒，以及對自身命運的感嘆，這些在辭職一年後必然不會再感興趣。

我身邊有兩個不講閒話的人：一個是我先生，一個是同行的前輩。兩者的差異在於先生對自己和他人都很寬容，所以不會說別人的壞話。前輩在遇到任何問題時，協調能力非常出色，所以沒必要隨意談論他人。

我既沒有寬闊的胸襟，也沒有善於和對方協調問題的能力。我沒有信心以後不說閒話，所以無法下定決心。但是我告訴自己在說閒話時，也要同時思考自己評論對方的標準，以及我能不能與對方協調。如此一來，我心中議論他人的欲望，以及不自覺說出口的閒言碎語就能減少一些吧？

現在是需要「我們」的時刻

現在韓國百大企業青睞的人才該具備什麼特質？那就是溝通與合作。在過去，創意和挑戰精神總是名列前茅。雖然需要溝通與合作的業務不會突然增加，但過去排不上前五名的特質為何躍升到前兩名呢？

如果說創意和挑戰精神代表「我」，那麼溝通與合作可以視為「我們」。如果「我」優先，「我們」自然會落後；如果「我們」領先，「我」必然會後退。公司希望兩者保持平衡，但這是很難的。雖然應該也有頭腦聰明、有創意，且具備溝通能力的人，但那樣的人可能不多。

在人際關係中，如果「我」太多，溝通就會變得很困難，如果「我們」太多，往往會伴隨著忍耐和犧牲。將聰明的「我」聚在一起，意見會太多，傾聽會變小。如果只執著在「我們」，雖然耳朵會打開，但心裡會累積說不出口的委屈。

在城市長大的我，真正能夠接觸到集體文化的機會，只有回父母生活的鄉下時。我在那裡總能感受到住在小巷子裡的「我們」。剛開始，我覺得村子裡的生活很尷尬而且不方便。當然，這不是所有人都能接受的。雖然表面上看起來很融洽，但大家都必須滿足彼此的期望。

首先，村子裡的房子都是不鎖門的，所有人都能隨時進出別人家。就連只是偶爾才去鄉下的我，也必須一一向所有村民打招呼。如果經常往來，彼此的私事就會非常快速地越過圍牆。美食和好東西大家都會互相分享，較年輕的長輩會照顧比自己更老的獨居老人，村裡的孩子大家會一起關心並照顧，很少區分你的事或我的事。例如，如果在村民會館前晒辣椒，手腳快的人會幫忙收好；下雨時，也會有人把其他家的衣服收進來。

難道是因為生活在農村的人比在都市的人更熱情，更有同理心，且更不自私嗎？不是的，是因為他們知道「互相幫忙」比「不幫助對方」更有利。對務農的人來說，鄰居是不可或缺的重要存在。但這並不表示「以關係為中心」的社會是完美的。「我們是一體的」，這種思考方式會給外來者帶來排斥感，嚴重時甚至會成為無聲的暴力。

在城市裡，即使沒有近鄰，生活也沒有什麼問題。只要有能力，一個人也可以自足。如果在公司或所有人際關係中，比起「我」更注重「我們」才會有利益的話，那麼我們會更注重團體的利益。但現實卻恰恰相反，許多人逐漸習慣將「我」放在優先位置，無法忍受自己不在優先順位。因此，如果「我」稍微被疏忽，就會馬上受到傷害，自尊心也會下降。

生活中，有許多比起「我」，更需要「我們」的時刻。一起玩、一起學習、一起吃飯、共事、一起生活並成長時，都需要「我們」。但是，由於多數人不熟悉「我們」，所以總會先想到「我」。我們被自尊感或專注於自我開發的社會氛圍所籠罩，因此習慣將「我」放到優先順位。在不能先想到自己就會被當作傻瓜的社會裡，不論用什麼方法保護自己似乎都是理所當然的。

但是，如果太過汲汲營營自己的利益，在需要「我們」時，很容易就會耍賴地說：「為什麼不考慮我？」另外，在「我們」應該優先的事情上，也會無法忍受「我」被排擠，並因此受到傷害。雖然將精力集中在自己身上，但換得的卻只有挫折和傷痛。

以「我」為中心生活的人怎麼會想到「我們」呢？那是過分的要求。即便如此，人生中仍有需要「我們」的時候，因此必須懂得在需要「我們」時將「我」放到後面。

在不斷保護自己的同時，必須學會判斷何時需要「我們」，這個標準不能由他人決定，必須由自己決定。在放下「我」的瞬間，可能會暫時感到痛苦和損失，但是因為是經由自己判斷後做出的選擇，所以不會受到傷害。這就是保護自己並維持關係的方法。

chapter

4

讓我的生活
變踏實
的那些話

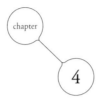

「我不太清楚」，不要裝懂

EBS播出的紀錄片《重返校園》中，我看到了讀寫能力較同齡孩子差的學生們在聽寫考試時，臉色漸漸黯淡，變得垂頭喪氣，真的很可憐。不知道他們考試結束後，是不是會在筆記本上寫下對自己的失望？雖然打分數的人是老師，但這些孩子卻非要給自己零分。

孩子對著鏡頭說：

「因為知道自己都沒答對，所以我很難過。」

他們都「承認」試卷上幾乎沒有任何一題是答對的。

幸運的是，他們在老師和父母的協助下，努力學習閱讀和寫作六個月。不久之後，出現了孩子們聽寫分數提升後高興的樣子。他們都考了九十分。

當被問到為什麼答錯某些題目時，孩子們不再只是說他們知道自己寫錯了，而是能清楚說出錯誤的理由。

「啊，我把ㄅ寫成ㄆ了。這題的答案應該是ㄨ和ㄠ。」

他們在沒有任何人命令的情況下主動複習了答錯的詞彙。我看著那些孩子，想起了幾年前課堂上讓我臉紅的事。

當時是講課結束後的提問時間，面對我的提問，演講者以稍微生硬的語氣再次問道：

「所以你想問的到底是什麼？」

我對他責怪的語氣感到慌張，還沒把問題完整問完就放下麥克風。在有二十多名同學的教室裡，所有人的視線都集中到我身上，那一瞬間我滿臉通紅，很想挖個洞鑽進去。

其實，我沒有完全了解當天的授課內容。如果坦承自己不清楚就好了，但不知怎麼的，我選擇裝懂，還問了自以為了不起的問題，所以似乎惹惱了演講者。課程結束後回家的路上，我的臉一直是燙的。

哲學家蘇格拉底曾說自己是雅典最明智的人。因為他見過許多自以為聰明的人，這些人甚至不知道自己很無知。至少蘇格拉底知道自己是無知的，所以比他們更明智。

「不懂裝懂」是什麼樣的心態呢？想成為主角，期待被他人看好，不想被他人發現自己不懂，期望得到關注，希望贏過別人。這所有的心態中，沒有任何一個是為自己著想，全都是在意別人的心態。

但是即使如此，不懂裝懂的心態真的是不好的嗎？其實不壞，只是要假裝自己懂需要很多能量，需要吹牛，有時還必須撒謊，心臟會狂跳，還要忍受被大家注目的緊張感。

如果假裝自己已經懂了某些東西，也許會錯過了解那些事物的機會。如果繼續裝懂，就會誤以為自己真的知道，甚至不會努力去了解，並用扭曲的方式編造一知半解的知識或資訊。

我們還會因此失去什麼？我們會失去自尊心。不懂的自己繼續被擠在後面，裝懂的我則站在前面，這樣一來，我們對自己的愛和尊重就會變得很模糊。「不懂裝懂的我」怎麼可能比「努力理解陌生事物的我」更值得被愛呢？

為了真正愛並尊重自己，不知道的事就該說不知道。做不好的事就必須說做不好。承認這些，自尊就會提升，至少不會像裝懂時那麼低落。

對今天遇到的所有陌生事物厚著臉皮說：

「我不懂。」

「我要下車了」，可以反覆上下車的力量

諧星金淑在《對話的喜悅》節目中，被問到如何管理壓力時這樣回答：

「只要避開就可以了。我不去會感受到壓力的地方，不上偶爾需要單獨發言的節目，只要上那種節目，我的狀態就會變得很糟，所以我不參加那種會讓我自信心下降且精神崩潰的節目。」

被稱為「帥魅女」、「模範淑」、「God淑」，享受第二個全盛期的她，居然會為了維護自信選擇逃避挑戰，真的讓我有些意外。我以為她應該不會看別人臉色，會用自己的方式解決問題。

如果當天的來賓小說家金重赫沒有以下的發言，我就會止步於這樣的驚訝之中。

「在金淑說的話中，我最喜歡的一句話是『我要下車了』。原本打算上某個節目，卻突然坦率地說『我要下車』。我認為如果覺得自己沒興趣，隨時可以下車的想法非常重要。」

此時，在旁邊靜靜聽這段話的金淑說：「我真的經常下車。」我瞬間意識到：「啊，原來她真正的力量來源是『無數次下車』！」也因此，她才能理直氣壯地建議大家避開會讓自己自尊心下降的地方，如果不適合自己就下車。

可以反覆上下車的力量，下車後等待機會再次上車的力量，即使上了車也能隨時下車的力量，還有透過這個過程更了解自己特色的力量。這些力量就是她獨有的「帥氣」。

有時候我們不得不放棄某件事，也可能需要和某些人分開。有時我們會暫時無法前進，只能停在某個地方，或是想去某個地方，卻又不得不回頭。我們往往在所有的這類事情上都加上了「失敗」、「缺乏毅力」、「後悔」等負面的評價。因此，在應該停止的時候，我們可能會失去勇氣，掉入深淵，或為了讓自己看起來像很有耐心且有毅力的人，不斷折磨自己。

在名為人生的列車上我們因為害怕下車，所以一次都沒下過車，只能看著同樣的風景。仔細想想這樣多無聊啊。但是比這更可怕的是，我們堅信這樣的風景就是自己人生的全部。所以，當我們做某件事做到一半，到了該踩煞車的時候，請不要當作是放棄，而是將此視為其他經驗的開始吧！讓我們像金淑一樣淡定且坦率地說：

「我要下車了。」

然後重新搭上新的列車，面對全新的風景。

”

當我們做某件事做到一半，

到了該踩煞車的時候，請不要當作是放棄，

而是將此視為其他經驗的開始吧！

「偶爾做飯給自己吃吧」，如何照顧疲憊的自己

《拜託了冰箱》節目中曾經介紹過演員金敏俊的冰箱。獨自生活的他，冰箱裡放滿了薄荷果凍、松露蜂蜜、印度香料瑪薩拉、西班牙伊比利火腿等即使去百貨公司超市也很難看到的食材。他對那些看到自己的冰箱而感到驚訝的人說：

「這些食材雖然不貴，但是很合我的口味。我喜歡簡單在法國麵包上抹上松露蜂蜜，放上伊比利火腿一起吃。獨自生活一個人吃飯，有時會覺得很寂寞，這時如果把伊比利火腿切來吃……」

聽了他的這席話，如果你覺得沒有能力購買昂貴食材的自己很

寒酸，或許你很可能是不在家做菜的人。相反地，如果你點頭認同他的話，那麼你應該是會為自己做料理的人。你知道什麼味道能撫慰自己，什麼能讓自己微笑。

SBS《Healing Camp》的節目來賓李孝利坦言，過去曾經因為壓力太大接受過心理諮商。結束幾次療程並聽了醫生的建議後，她覺得對自己太壞了。

「我發現我從未關心過自己。出門時大家看到的我很美，但我在家總是很邋遢。我從沒親手買過自己要吃的食物，也沒用過家裡的烤箱和洗碗機。冰箱總是空蕩蕩的……」

聽了這兩人的話，會發現愛護並照顧自己的方法並不難。不必很費力，也不需要很多錢。花時間和精力每天做好每件事就好。雖然這些事太多了，無法一一羅列，但是我建議大家偶爾為自己做一次料理。

雖然我不太會做菜，但平時還是會自己煮飯，客人來的時候也會親自下廚。我會盡力做我會做的料理，因此，雖然不是不喜歡外出吃飯，但次數很少。在為自己料理的過程中，我逐漸了解了自己喜歡的味道。我喜歡番茄煮熟的味道，也喜歡鯷魚和海帶熬煮的湯。吃飯的時候我希望有一道蛋白質配菜，也對野菜十分著迷。就這樣，我持續遇見我喜歡的料理。

最近，有個朋友和她先生一起去聖地牙哥朝聖。據說，她在那裡受萍水相逢的人招待了一碗燉菜。那時她已經走了一天的路，累壞了，所以能吃到熱呼呼的食物真的很開心。她看著先生吃燉菜的表情，下定決心回到韓國後要更常在家做飯。我問為什麼，她回答，因為當時先生的表情比任何時候都要幸福。

世界上好吃的食物真的很多。即使每天去吃美食餐廳也沒有吃完的一天。每時每刻都有新的餐廳誕生，調理包和外送食物的進化速度也令人咋舌，家常菜的味道很難和它們一決勝負。但是為了自己而投入的時間以及傾注的心血，將會超越所有在外用餐的優點。我希望大家在別人問自己怎麼吃飯時，能這樣回答：
「你都怎麼吃飯？」
「我比較常外帶，但是偶爾也會在家為自己做頓飯。」

#「我喜歡你」，不怕拒絕的理由

加拿大曼尼托巴大學以學生為對象，對異性表達好感時自尊心會產生什麼影響進行調查。首先，研究人員會先調查所有學生的自尊心程度，接著分成兩組讓他們以視訊和異性見面。但是，他們對A組說，如果對方同意，可以實際見面，B組只能透過視訊對話。結果如何呢？

自尊心高的人被告知能實際見到視訊中的異性時會更積極表示好感，自尊心低的人則是被告知只能透過視訊見面時才積極。

無論自尊心高或低，大家對異性的好奇心都是一樣的，想告白的心情也是相同的，同樣都會害怕被拒絕。但是，這個實驗再次證明，自尊心越低的人越害怕被拒絕。因為只能透過視訊見面，不可能被當面拒絕，所以低自尊的人會在這樣確保安全的條件下積極表達好感。

自尊心高的人的告白有什麼不同呢？描述女性生活的電視劇《請輸入檢索詞WWW》，男主角耐心地看著在曖昧前就退縮的女主角並告白：

「接受我吧，回覆簡訊，出來約會就可以了。我們可以一起吃個飯喝個酒……二十八歲就是這樣，是充滿熱情的年紀，而這份熱情的主人，就是我。」

這應該是我最近看過的電視劇或電影中最棒的告白場景。他並沒有說讓我感到熱情的人是你，而是說「我就是熱情的主人」。這句話與常見的告白不同，他告訴女主角，即使他進入漁場也會堅持下去，只要女主角別忘了餵他魚餌。啊，為什麼男主角告訴女主角要走進漁場的表情一點都不卑鄙呢？

自尊心高的人不會隱藏自己的感覺，不會讓自己因為喜歡對方而降低自己的地位。雖然喜歡並愛著對方，但不會忘記戀愛的主體是自己，所以男主角告白的時候說「我是熱情的主人」，看起來非常帥。

比起接受表白，我更喜歡主動告白。說實話，我告白和被告白的比例是七比三，但這不表示我會輕率地向任何人表白。我曾深思熟慮，等了一年後才告白，但是儘管我花了那麼多時間準備，卻還是被拒絕。有了幾次被拒絕的經驗後，我才領悟到就像我有喜歡對方的自由一樣，對方也有不喜歡我的自由。當然，被拒絕並不是不會心累或不覺得心痛，但那之後我還是會主動告白。

告白吧。現在就對你心儀的人說：「我喜歡你！」被拒絕當然是痛苦的，但是對方有資格這麼做，就像告白的主人是我們一樣，對方也擁有拒絕的自由和權利。

”

雖然喜歡並愛著對方，
但不會忘記戀愛的主體是自己。

「我來幫你吧」，雖然不知道行不行

小說《清秀佳人》是以孤兒院出身的少女安妮，來到收養她的兄妹所居住的綠色屋頂房子開始。馬修和瑪莉拉這對兄妹，原本想領養能幫忙農事的男孩，但領養的過程出了差錯，所以安妮來到了他們家，去火車站接孩子的馬修看到是名女孩後意識到情況不對勁，但還是把無法獨自待在車站的安妮先帶回家。

那天晚上，瑪莉拉表示想把安妮送回孤兒院，雖然很猶豫，但平時不怎麼表露想法的馬修鼓起了很大的勇氣表示，安妮應該希望能在綠屋頂房子住下來，但是瑪莉拉非常堅決。

「那孩子對我們有什麼幫助呢？」

瑪莉拉的話是對的，因為他們需要的是一名能幫忙馬修下田耕作的男孩，但是馬修用平靜的語氣這樣說道：

「我們也許會對那孩子有所幫助。」

幫助別人是比做任何事都要利己的行為，因為我們能向自己證明，自己是有能力的人，還能感受到自豪和存在感。安妮確實在瑪莉拉和馬修的幫助下過著無比幸福的生活，但他們兄妹倆也從照顧和愛安妮的過程中，得到了許多感動。

但是，無論用多麼好的心態幫助別人，那也不會永遠都是善的。從這個觀點來說，我們可以發現馬修的話是源於多麼成熟的心態。雖然不知道能不能幫上忙，但還是試試看吧……我們不知道能不能為對方帶來幫助。如果沒有造成負擔和傷害，那真是萬幸。

有一次去讀書會時，修女從包包中拿出年糕分給大家。

「這是〇〇請我送給各位的美味糕點，但是在來這裡的公車站送給了某個人，所以沒剩多少了。我當時問對方願不願意收下年糕，幸好他收下了。」

收到糕點的是修女在街頭遇到的流浪漢。我聽了這個故事，第一次領悟到有人願意接受自己的幫助是一件值得感謝的事。因為過去的我在幫助他人時，只沉浸在自以為是的喜悅之中。

能說「我幫你」證明自己擁有很多東西，但更重要的是，當我們看著自己幫助他人的樣子時，不能忘了感謝對方接受了我們的心意。不忘感恩，才不會在日後不知不覺產生希望對方回報的心態，也才不會讓「我幫你」變成「我對你多好」。

不忘感恩，我們才能助人為樂。

”

不忘感恩，才不會在日後不知不覺產生希望對方回報的心態，
也才不會讓「我幫你」變成「我對你多好」。

「我有自信」，我也很喜歡自己

為了成為宇宙大明星從南極來到韓國，在某電視台擔任練習生的企鵝Pengsoo是個風靡韓國的動畫角色，幾乎沒有韓國人沒看過或只看過一次。Pengsoo特有的魅力是，不失去十歲的可愛，同時又擁有在疲憊時讓人想依靠的穩重和療癒，以及對任何人都能坦白的率真。

最重要的是，大家可以藉由看著愛自己的Pengsoo得到安慰，並感到滿足。有人問Pengsoo他受歡迎的祕訣以及他的榜樣。

Q：你覺得你有什麼獨特的魅力？

A：我本身就很有魅力。

Q：你的榜樣或理想型是誰？

A：我自己。

Q：你受歡迎的祕訣是什麼？

A：我自己。

這是我從沒想過的回答。魅力、人氣祕訣和理想型都是自己。Pengsoo的一句話，比許多專家想要告訴我們的自尊心定義更沁入人心。

如果有人問我的魅力或優點，我會回答自己最擅長的事或別人認可的特質。如果問我榜樣或理想型呢？我會選比我更出色、遠在天邊且無法觸及的人。但是如果這麼想，我們往往更難以接近我們的榜樣，甚至因為無法與他們相同而受挫，並開始貶低自己。

請把自己當作榜樣，或告訴自己「別人認可的我，只是我的特質之一」。不論我喜歡或討厭自己的哪項特質，那都是我們的一部分。問題在於我們是否隨著年齡的增長，逐漸否定自己身上的某些特質。

我們其實並不需要評判並質疑自己，也不必想著要和別人一樣。

Pengsoo也曾經失敗並感到挫折，會忐忑不安地拍著小翅膀，也會生氣或傷心地流淚。如果說我們和他有哪裡不同，那就是Pengsoo不會把某部分的自己評價為好的或壞的。Pengsoo接受自己所有的特質，這就是他成為宇宙大明星的真正原因。

我也希望自己能毫不猶豫地用「我自己」回答那三個問題。不，是我必須先真正接受自己。

chapter 5

用對話守護自己並維持關係的方法

有時會辜負他人的期待

我們會關心周遭的人，那是一種親密的表示。但是這種關心往往並不止於關心，總會引發「評斷」。無論是稱讚、鼓勵或建議，都是主觀的。不要過度評斷他人，這是眾所皆知的事實，但是沒有人能擺脫這個習慣。因為思考和表達本身就是一種判斷和評價。

在稱讚或建議時，我們也會評斷對方。那時的評斷既不是壞事也不是好事。雖然對方可能會因為這樣的評斷而受傷，但反過來說，對方也許會得到終身難忘的好話。但是說話的人不是主人，聽的人才是，無論我們再怎麼努力滿足對方，這些話是良藥還是利劍都取決於聽者。

某一天，很久以前共事過的設計師聯絡了我。因為我們不常聯絡，所以我很開心，但是她突然說出了這樣的話：

「還記得以前你對我說過的話嗎？你叫我修改字型後不要偷懶，要好好重新再檢查一次。這個建議很有用，我現在還是會這麼做，真的非常感謝這個建議。」

這裡所說的「修改字型」，是指設計師把編輯校對後的原稿進行排版的工作。此時，編輯固然要先仔細校對，但將稿子交給設計師後，設計師的確認也非常重要，這是需要兩個人配合的工作。

雖然我曾經提過這件事，但因為我那時覺得設計師要仔細檢查是理所當然，所以完全想不起來自己曾經給過這個建議。也許當時我真的提出了一些微不足道的意見，但她至今還記得十年前聽過的話，讓我覺得很神奇。當時的她如果對這樣的忠告回覆：「那是什麼意思？我的排版有那麼糟糕嗎？你顧好你自己就好了吧！」我也無話可說。

有一次還發生過這樣的事。因為前輩突然聯絡我，所以我急忙結束工作趕去前輩那裡。前輩遇到了一些荒唐的事，在公司裡和她關係很好的人說了她很多壞話，所以她正在煩惱要不要辭職。聽了前輩漫長的故事後，我覺得實在太荒謬了，我把所能給予的安慰、忠告和建議一股腦地丟給她。到了該回家的時候，前輩說：

「我會像你說的那樣，把她當成一個生病的人，謝謝！」

這一刻，我發現更好、更有建設性且理性的安慰和建議全都沒有用，最後被前輩選中的只有一句話。是的，能決定把進入對方耳朵的這些話放到對方心裡的不是我，是對方。即使我提出再好的建議，能把這些建議變成鑽石的也只有聽者。

最近和一個朋友針對同樣的主題進行了多次對話，因為朋友遭遇困難，我們幾個月來針對那個煩惱聊了很多。朋友在這段期間不斷問我意見，但是有一天，朋友猶豫了很久後對我說：「謝謝你提出的建議，雖然我了解你的心意，但是上次那句話讓我有點不舒服。」

朋友的話讓我感到很焦慮，雖然急著澄清，但我的意思已經被曲解到連心肺復甦術也救不回來的程度了。

在這三個小故事中，我發現說出口的話已經與我的意志完全無關，走到了我無法控制的道路上，去了與我想像的方向不同的地方，有些話對別人有幫助，有些卻帶來傷害。我聽過的許多話也是以這種方式來到我這裡。

那麼，我們還有必要為了迎合對方的心情或情緒而費盡心思嗎？應該說，我們有辦法說出符合他人期待的話嗎？即使我再盡心盡力，也很難完全傳達我的心意。越是想迎合對方，越是貼心，就越容易產生無法預知的裂痕。

聽別人說話時也是一樣的。對方說的話必須進到我的心裡才算完成。他人說的話對我是傷害或是幫助，都取決於我。當然，我們應該懲罰那些惡意說出傷人言語的人，但我們周遭有多少人是懷著惡意說話呢？許多人應該都是出於善意而給予建議的吧？

現在，我們只有一件事要做，敢於辜負別人的期待，說出自己想說的話。我說出的話到達對方那裡後，那句話的好壞就是我們無力左右的，但如果我是誠實、真心且不是別有用心的，我的話就具有價值。

”

我們只有一件事要做，
敢於辜負別人的期待，
說出自己想說的話。

不費精力自我審查

我們身邊有些人會如實說出自己的想法，或者胡言亂語傷害別人。總而言之，這些都是不經大腦思考就說話的人。和這種人聊天，往往很快就會感到不舒服，並希望盡快離開。但是，有時也可能是因為我們戴了太多層濾鏡。遇到A時戴上A濾鏡，和B交談就戴上B濾鏡，這些濾鏡讓我們無法認識對方的真面目，因此心中的情緒往往無法消除，像灰塵一樣層層堆積。這裡所說的濾鏡就是自我審查。

我們為什麼要審視自己的想法和情緒後再說話呢？因為我們每個瞬間都會意識到他人的視線。出生後我們最先面對的是父母。

「不能說那樣的話。」

一個人的童年會被父母的言行所支配。長大成人後走向新世界，卻依然無法完全擺脫父母賦予的審查標準。之後在學校面對老師、在公司和上司相處、面對宗教、金錢和權力等，都無法脫離這套標準。如果只說特定人物或團體允許的話，即使是在必須說出自己真實想法或情緒的時候也會退縮，因而不敢開口。另外，為了不脫離他人規定的標準，我們也會過度消耗自己的精力。因為我們會擔心如果不這麼做，就會惹上很大的麻煩，而所謂的大麻煩就是形象受損。

兒童心理學家瑪格・桑德蘭（Margot Sunderland）的繪本《隱藏情緒的燦》（A Nifflenoo Called Nevermind）中，主角燦經常隱藏自己的情緒，每次生氣煩躁時都會說沒關係。遊樂場的鞦韆被朋友獨佔、掉進水坑全身濕透，都說「沒關係」，感到焦慮時也說沒關係，他把自己真正的情緒塞進衣服的口袋、襪子和兩頰中。這讓他全身充滿傷痛，總是一臉頹喪，且沒有自信。雖然他嘴上總說沒關係，但看起來一點也不好。

有人請他把隱藏的情緒拿出來，但燦說不可能。

「我體內沒有流出的眼淚太多了。一旦釋放這些情緒，就會引發巨大的洪水。如果吐露我內心的憤怒，火山就會爆發。」

幸好燦最終在大家的幫助下發洩了自己的情緒，並這樣說道：

「我沒事了。」

但是在釋放情緒過程中有發生什麼事嗎？有引發洪水嗎？火山爆發了嗎？燦擔心的事一件也沒發生。

我們的內心也有和燦一樣的擔憂。如果不審查自己，我們害怕會有相當大的不良影響。但是，不知不覺中意識到的他人目光並沒有我們想像中的可怕，大家對我們可能沒什麼興趣。我們自己製作的濾鏡也經常只是假象。

我們的父母希望子女一定要像他們一樣嗎？不是的。他們期望的是子女能過上比他們更好的生活。學校的老師其實並不在乎我們的私事，職場上司也不喜歡看臉色行事的被動下屬，宗教或神更不可能時時審查每一個人。

義大利畫家拉斐爾所繪的〈雅典學院〉畫作中，古希臘的學者們齊聚一堂，坐在這幅畫中間的是哲學家第歐根尼。當時被稱為「哲學怪人」的他主張「放棄貪欲，滿足人類自然需求，生活就能幸福」，因此他對金錢和權力毫無興趣。

有一天，亞歷山大大帝拜訪第歐根尼，當時他正悠閒地享受日光浴。

「我是亞歷山大大帝。」

「我是第歐根尼。」

「你不怕我嗎？」

「你善良嗎？」

「是的。」

「那我為何要害怕善良的你呢？」

亞歷山大聽完這句話後請第歐根尼說出他想要的東西。他說：「你擋到陽光了，請讓開。」

聽了這句話，國王的臣子們憤怒地表示應該要懲罰無禮的他！但是亞歷山大阻止他們，並說：「如果我不是亞歷山大，我想成為第歐根尼。」

我平常是如何說話的呢？是像燦一樣隱藏自己的想法和情緒，對家人朋友都說沒關係嗎？還是像第歐根尼一樣對上位者或父母說「走開」？如果你因為隱藏著自己的想法和情緒而疲憊不堪的話，請試著慢慢放下自我審查的濾鏡吧。請相信，即使說出想說的話並表露自己的情緒，也不會發生什麼事，就像第歐根尼一樣。

”

如果不審查自己，我們害怕會有相當大的不良影響。

但是，他人目光並沒有我們想像中的可怕，我們自己製作的濾鏡也經常只是假象。

從All or Nothing中脫身

國中一年級時我有個從頭到腳總是保持得很整齊乾淨的好朋友。她的髮型是乾淨俐落的短髮，皮膚很白，說話總是很溫柔，從不說髒話或粗俗的話。我非常喜歡那位朋友，她和當時敏感纖細的我很合得來，我們兩個人形影不離，直到某一天，她突然宣布和我絕交，理由是我說了「粗俗的話」！

「真衰小！」

我不記得為何對善良且美麗的朋友說這句話，只隱約記得失去朋友時的悲傷。因為一句話就絕交，這太令我震驚了。那位朋友一年都沒和我說話，畢業時才尷尬地互道再見，我們後來去了不同的高中。

長大成人後，我們不會再像孩子那樣說「絕交」，我們往往不知道對方心裡想的是什麼，也許每天都在夢想著要痛快地絕交。

「我和你結束了。」

我們現在能爽快地對哪些人說這句話呢？曖昧時欲擒故縱的渣男、折磨人的上司、和剛開始交往時不同，對自己越來越冷漠的女友、只有需要時才會聯絡的朋友、對待我的態度完全不像親生的父母、把我當炫耀品的朋友……我們其實有不看這些人臉色生活的自由，即使不和他們來往，我們也可以好好生活。

但是，我們為何還是和他們持續來往呢？應該是因為比起絕交，繼續交往對我們更有利。因此，我們不會馬上就喊出：「我和你結束了。」

雖然人類誕生後看似做了許多偉大的事，但人生其實就只是「生老病死」。填補其中縫隙的是人際關係，因此解決人際問題是人類的宿命，也是走向成熟唯一的方法。好消息是，維持良好人際關係的方式真的非常多元。

為了維持良好的人際關係，「守住人與人之間的界線或距離」是很常聽到的建議，這個意見很有道理。人與人的距離太緊密往往會出現問題。但是，如果劃出界線後和對方保持太遠的距離，就有可能越來越疏遠。每個人都有一些不足之處，如果專注於他人的缺點，並因此劃清界線，那就沒有任何人會留在我身邊。

我們總是什麼事都急著決定，只有確定所有的事才會放心。人際關係也是如此。戀人、朋友、父母、夫妻、上司、後進等，確定這些關係能讓我們感到安心。脫離這些界線的言行，會讓我們感到焦慮且不舒服。就像去旅行前，我們事先確認每天的路線和餐廳可能會破壞遊興一樣，「All or Nothing」的人際關係顯露我們的不成熟，極端的二選一會讓我們的人際關係反覆震盪。

人與人之間確實需要界線，但這條線不是「不要越過這裡」的線，而是「我尊重你的自由和特質」的線。如果不這樣理解，人際關係中的「All or Nothing」就會經常困擾我們，讓我們頻繁與人斷交，無法體驗深度的關係。

作家薛欣在《學習之言》中這樣說道：

「上完心理學課後，有句話我現在仍然記得。忍受曖昧才是心理成熟的證據。」

如果在對方不知道的情況下，一個人在心裡吶喊要劃清界線，想和對方絕交，也請先不要自責自己的不成熟，找找看是什麼原因讓自己變成那樣。

我現在似乎已經可以對從前宣布和我絕交的朋友說：

「朋友，請原諒我說『衰小』吧！」

對話不光靠「語言」

我和一個男人在相親時認識並經過幾次約會後，我剛好生日，他說如果有想要的禮物就告訴他。

「請寫信給我，兩張Ａ４。」

像是怕別人不知道我是編輯似的，連篇幅都規定好了。才見過三、四次面的女人說出這樣的話實在有些荒謬，但他卻點頭表示認同。生日當天，我們在餐廳見面，他從外套口袋拿出一封信，用略帶羞澀的表情遞給我。

「我不太會寫信……」

回家打開信封一看，裡面真的裝了兩張Ａ４信。不久後，我們開始談戀愛，生日那天的那封信成了我們之間的小趣事。

「唉，哪有請他寫信就真的只給信的男人啊！真不會察言觀色。」

我為什麼希望沒見過幾次面的曖昧對象寫信給我呢？他木訥無趣，是我以前從沒見過的類型，請那樣的人寫信是因為我對他有點好奇。他雖然話少，但偶爾會說出與眾不同的話。如果不仔細聽，只會覺得那些是過於理性且無聊的話，但認真聽就會發現那些話很特別。因此我很好奇，他到底是有什麼才華才能夠如此，所以我想讀讀他寫的文章。我希望用文字來解答我的疑惑，但後來我讀他的信時，領悟到那不只是出於單純的好奇心。

我很習慣用信溝通，甚至可以請沒見過幾次面的男人寫信。我也有很多信件往來的美好回憶。小學一年級放假時我從班導師那裡收到了第一封信，學生時期我和朋友們互寄過無數封信，高中走廊設置了信箱，每天中午我都會和朋友們交換信，我和一個朋友用信累積了約十年的友情，也用信結交了外國筆友，寫了長大後實在看不下去的情書，曾收過作家的回信，也從廣播節目主持人那裡收到明信片，從母親那裡收到充滿愛的信，也收過前輩或老師們的分享文……寫這篇文章時，我仔細數了數，覺得自己八成的養分來自於信，人生中許多重要的事都有信伴隨著我，但是我喜歡寫信並不僅僅是因為這些回憶。

和人交流不是只能透過對話，世界上有許多心意無法用話語傳達。我認為信是一種對話的方式，如同用話語交流無法盡善盡美，信也不是在所有的關係中都起了關鍵性的作用，即便如此，至少能減少交流過程中的傷害，因為信件彌補了話語無法傳達的心意，填平了關係間的新裂痕或原本就存在的細微縫隙。只用對話維繫的關係並不牢固，容易破裂，但如果能用文字輔助，關係就能一年比一年深。因此，信具有很大的力量，大到應視為珍貴的文化資產。

信是輕浮話語的堅固後盾。比起容易造成是非的話，信更值得信賴，如果「話」是熱情奔放且充滿活力的青年，那麼「信」就是不輕率的成熟大人。如果「話」是無條件填鴨的老師，「信」就像有趣且真誠的戀人。吵了好幾小時也無法傳達的心意，信這個好容器也能完整地裝入彼此的心意。

我們透過閱讀信件可以更清楚看到對方的另一面，也能更貼近對方的心。另外，信能創造出只有兩人能讀懂的訊息。從這個角度來說，信件與讀書是兩種完全不同形式的閱讀。那麼寫信意味著什麼呢？首先，這能讓我和對方有「思考」的時間。思考的時間是信給我們的最大禮物。審視自己的時間越長，就越有時間反省，因此也越能表達出自己的心意。書信就像這樣來往於感性、愉快、反省和真心之間，是令人愉快的寫作。

如果想和他人以文字交流，首先請把腦海中對「信」的刻板印象都刪除吧！不是只有在信紙上親手書寫才算是信，不論什麼型態，只要是寫給他人的文字都算是信，用文書軟體寫的信、貼在禮物包裝紙上的小卡片或明信片，以及在書的內頁留下的短評等都很有魅力。在讀書時，如果因為某個句子而想起某人，可以寫下那幾段文字，並傳給對方。在對方喜歡的零食包裝上用簽字筆留言也讓人很溫暖；電子郵件和簡訊也都算是信。

我與生日那天不解風情，真的只寫了兩張信紙，沒準備其他禮物的男人結婚了（他現在依然很沒sense），我們現在仍過著書信往來的生活。在生日或結婚紀念日等特別的日子裡，我們會互相寫信，平時也會用冰箱上的小白板互動。有時會寫明信片，拜託對方做事時也會留紙條。我會藉此表達因為害羞而無法用言語表達的心情，也會讀著他的信偷偷地笑，或是感動得反覆閱讀好幾次。

雖然看起來好像在玩扮家家酒，但其實我們只是藉由文字溝通而已。也許正是因為如此，即使我們之間有摩擦，也不會發展成大爭執。這可能是因為平時藉由文字頻繁接觸對方的想法，並練習了解對方的心情。我通信的對象除了先生之外，還有幾個朋友。這之中有久違地想寫信的對象，也有最近才想用文字互動的對象。

不久前認識的學妹從包包中拿出一個小盒子遞給我：

「學姊，這是荷蘭咖啡，你可以邊工作邊喝。」

盒子上寫著沈熏的詩〈雪夜〉，學妹的字秀氣且端正：

「希望信件就像飛舞的雪花片片落下。」

隔天，我一邊喝著她送的咖啡一邊工作，同時又再讀了一次寫在盒子上的詩句。幾天前學妹向我訴說煩惱，看著那首詩，我又想起她流淚的臉龐，我祈禱她能找回如同下雪夜晚的平靜。下次見面，我要回信給她。

為何該親近他人的話和文章

江陵船橋莊建於距今三百年前，是名門士大夫居住的九十九間住宅，至今保存完好。內部有個名為悅話堂的建築，是來拜訪船橋莊的客人暫住幾天的地方。但據說，要入住必須先通過考試。管家會與客人一一交談，只有在管家認為客人有一定水準的情況下才會將他們帶到悅話堂，未通過者只能住其他房間。最近只要有錢，就能住進頂級的住宿設施，很難想像必須由管家決定入住房間是什麼感覺。拋開住宿設施或對話的水準，今天哪裡有像悅話堂一樣能夠進行良好對話的地方呢？應該說，我們周遭有多少人可以廣泛地進行各種主題的對話呢？

這段時間我每次見到人都會問這樣的問題：

「你最近最喜歡和誰對話？」

幾乎沒有人回答「家人」。首先，家人是經常進行日常對話的關係，因此，比起讓我們感到開心的主題，彼此更常討論是讓我們有些不舒服的問題，且往往是不想談也必須談，所以我們與家人對話很難感到高興。大部分人的答案都是朋友、知己或同事等，或是目前的狀況和處境與自己最相似的人。因為和那些人對話，很容易產生共鳴和理解，所以我們會很開心，壓力也會緩解。

不想談也必須進行的日常對話，以及和自己情況相似的人對話，都是我們必不可少的。用好的詞彙和句子進行的「第三種對話」也非常重要。

看了MBC《話語的力量》節目中的實驗，我更加了解需要對話的理由。在這個實驗中，二十多歲的十二名男女必須組合「禮貌、老派、織毛衣、灰色、無聊」等令人聯想到老年人的三十個單字，並寫出句子。另外，還需要用「運動、努力、跟隨潮流、勝利」等會讓人想到年輕人的三十個單字，進行同樣的實驗。事實上，要求組合單字並造句是為了掩飾實驗意圖。實驗的真正目的是看到這些單字之前和之後的走路速度。結果如何呢？

看到讓人聯想到老人單字的實驗參與者走路速度比之前平均慢了２．３２秒。相反地，看到讓人聯想到年輕人單字的實驗對象平均步伐快了２．４６秒。進行該實驗的耶魯大學心理學教授約翰．巴奇（John A. Bargh）發表實驗結果時如此說道。

「如果暴露在某些單字中，大腦的特定部分會受到刺激，並準備做出相關的行動。當我們讀到與行動有關的動詞，大腦就會有意識地做好行動的準備，語言的力量是非常強大的。」

即使不是這個實驗，我們也知道語言會對生活產生強烈的影響。

會因為某人的一句話哭笑的人，不只有你一個。讀了一句話，人生就發生巨大改變的故事也很常見。令人終生難忘的話是如此地多。但是，即使很清楚語言的力量，我們該怎麼管好自己說出的話，又該如何接觸到好的單字和句子呢？

走向好語言世界的方法是什麼呢？只要有意識地將自己暴露在好的詞彙和句子中就可以了。如果不把自己送進這樣的世界，就無法擺脫無意識使用刺激性、攻擊性或競爭性單字的習慣。在家裡、學校、公司或聚會中聽到的某些話有時會讓我們感到痛苦。如果持續暴露在這些詞彙中，就會不知不覺出現那種言行。這就是為什麼我們需要接觸別人的好話和文章。

最好的方法是閱讀，用書中的好詞彙和句子與人持續對話。最好能在讀書會、演講、會議和論壇中聆聽優質的話語。如果不這樣刻意努力，使用高水準詞彙進行對話的機會就不多。

「第三種對話」的作用是緩和因過於日常和現實，而讓人多少有些不舒服的家庭對話中，所出現的刺激性或攻擊性對話。如果經常因為他人的話受傷或變得很敏感，甚至覺得對話本身很累，我們可能會變得很脆弱。這時，請多聽聽融入他人經驗和洞察力的語言和句子，並經由充分的體驗讓自己學會運用這些好話。只要能貼近好的詞彙和句子，並用這些來與人對話，那麼你們對話的地方就能成為「悅話堂」。

”

請多聽聽融入他人經驗和洞察力的語言和句子，
並經由充分的體驗讓自己學會運用這些好話。

我是give
還是take？

「他怎麼能這樣對我？」

沒有人不曾有過這樣的想法。這句話裡的「他」包含父母、兄弟姊妹、朋友、另一半、同事等親近的人。

我有一個多年來難解的心結。對方是學生時期的朋友，畢業後，因為工作性質相似，所以我們仍然很常來往。在此期間，朋友結婚了，生了孩子，失去了父母。不論她發生什麼大小事，我都陪在她身邊。就這樣過了十年，我也結婚了。朋友在我結婚前一天說因為家裡有事不能來，那天沒辦法參加的只有她一人，但是當時我其實也沒空顧慮這個。

然而，婚禮結束過了很長一段時間後，她還是沒聯絡我，最後是我以工作為藉口約她出來。但是一起吃完飯結帳後，我的心開始糾結起來，因為朋友不僅沒有送禮金或禮物，連基本的祝賀都沒有。

「她怎能這樣對我？」

那次見面之後，我們很少聯絡，慢慢疏遠了。隨著時間流逝，「她怎能這樣對我」的質疑越來越模糊，取而代之的是我用「她可能沒把我當朋友吧」劃清界線。總之，那件事成了傷疤，也讓我對人際關係產生懷疑。我還是很想知道那個朋友為什麼這麼做，因為我認為朋友應該不像戀人一樣是會突然冷卻的關係。

幾年後某一天，我看了名為「法輪禪師創造希望世界」的YouTube頻道，終於領悟了原因。對於和我經歷相似煩惱的人，禪師這麼說：

「早知道就不和他做朋友了……會這麼說不是那個朋友有問題，而是這麼想的人有問題。因為會這麼想代表從一開始就沒將對方視為朋友，並且認為朋友絕不能給自己帶來損失。有這種想法就代表你不是在交朋友，而是因為利害關係而和對方來往。」

難道我也認為對方不是朋友而是利害關係人嗎？我之前總是抱著極端的give and take心態，認為我已經做了那麼多，所以你也該回報吧！我第一次對那位朋友感到抱歉。

我經常對因為關係而煩惱的人說：「為關係劃好界線吧！」越是親近的關係，越需要拿捏好距離，這才是維護關係的最佳方法。只有這樣，才能將自己和他人分開思考，減少傷害並維持健康的關係。

但是，我卻因為隨意劃錯距離而引發問題。我把和那位朋友的關係視為利害關係，同時卻希望能得到對方真心相待的友情。談戀愛時又是如何呢？我同樣拿著「利害關係牌」（雖然堅稱自己是基於愛），卻希望對方舉起「愛與友誼牌」，並常常因此受傷。有時我真的愛對方，但對方卻不這麼想的時候也是一樣。其他的社會關係呢？當我把牌換成「愛與友情」時，如果碰到對方舉起「利害關係牌」，我就會受到傷害。而我認為是利害關係，對方卻不這麼想時，關係也難以延續。

就像我們在所有的關係都劃上界線一樣，對方也擁有劃線的權利。無論我把對方納入什麼範疇，或是對方將我歸入什麼類別，都是各自的私事，不可侵犯。那什麼是好關係呢？就是彼此都在同一範圍內的關係。

但是，比這更成熟的關係，是即使知道彼此位在不同的範疇，也會繼續發展下去，並且不受到傷害。隨著歲月的累積，這樣的關係很可能發展成不考慮「界線」之類的關係。

我們應該仔細觀察自己如何對待他人，唯有了解自己的想法，才能防止自己希望對方有所回報而導致關係破裂。沒發生什麼問題的時候，無法看清楚關係的本質，只有產生衝突時才能看見。人際相處就像一起登山，途中可能會遇到驚險的陡坡或低谷。

我曾在很矮的上坡時失去了友誼。現在回想起來，那個朋友可能把我當成了真正的朋友。雖然很可惜，但我從中學到了很多。

彼此沉默也不尷尬

我們在工作時會與人見面、講電話、互發電子郵件，或用聊天工具溝通，我們能自由地將這四種對話方式運用在適當的地方，因此工作速度和效率都提升到過去難以企及的水準。

然而，比起直接見面或講電話，現代人似乎更習慣用電子郵件或聊天工具處理業務，等待回覆的耐心也日益退化。即時回應成為評價業務能力的標準，在人際關係中，比起溫吞或猶豫不決的態度，更注重明確快速的特質。另外，流利的口才和能憑一句話得到認可變得十分重要，沉默和忍耐等品德似乎成了書中才會出現的古文物。

有次我和某作家開會，會議進行一段時間後，我覺得他讓我很不舒服，與剛開始和善的氣氛不同，他在話與話之間有很長的沉默，交談時不太和我對視，問他問題，他都過了很久才開口，比起和我對話，他更沉浸在自己的想法中，因此我越來越不開心，也不知不覺開始質疑他的態度。然而，會議結束後，我才發現我的不舒服是源於草率的誤會。回家後，我心裡一直很悶，不是因為他，而是因為「我不懂得忍受別人的沉默」！

我仔細思考自己為何無法忍受他人的沉默或猶豫不決，雖然我急躁的個性是原因之一，但隨時隨地都要不斷聯絡的工作溝通方式可能也助長了這樣的特性。

我是從什麼時候開始，對於談話或訊息之間出現的空白感到不舒服呢？那些空白讓我既尷尬又害怕，在對方長時間的沉默中，有時我會覺得對方無禮，偶爾也會因此受到傷害。這些有理由的沉默被我誤解，無法發揮光芒。世界上已經很少有人能承受有理由的沉默，也少有人能表現出這種沉默。

我經歷過最久的沉默來自高中三年級時的導師。有一天，我把從國中就開始寫的三本寫作練習筆記本拿給負責教國文的班導師。當時別說是文學獎了，我連在校內的作文比賽上也從沒得過獎，是個看起來與寫作完全無關的學生。比起寫作，我更擅長跑步，除了興趣比較老套，我沒什麼特色，是個很不起眼的孩子。但是，其實我默默夢想著要成為詩人很久了，因此到了三年級我變得很著急。老師對此也有點吃驚，他默默看了我一眼，表示他會回去看看。

過了一周，老師將筆記本還給我，但是卻什麼話也沒說，期待得到表揚、鼓勵或者指點的我，對老師的反應感到失望且羞愧。我很後悔給老師看了筆記本，並覺得自己果然沒有天賦。我沮喪的心情變得越來越複雜，對還是高中生的我來說，這是「無法理解的沉默」。

但是幾天後，老師建議我主修文藝創作。雖然因為是第一次聽到這個科系，所以有些疑惑，但是看到有「文」這個字，就覺得應該和寫作有關。接到學校的通知後，我才隱約感受到老師的沉默是別有用意，雖然當時我還不太能完全理解，但長大後回過頭去看，我才領悟老師的沉默是多麼大的愛。站在教導和評價學生的教師立場上，能夠對學生的習作保持沉默，想必經過很多歷練。我也是數十年後才接受了這麼深層的沉默。

我現在到了當時老師的年紀，但年齡並不保證人格和修養，比起沉默，我還是更習慣嘰嘰喳喳。我喜歡說話，更偏愛熱絡的對話。我們必須為了說話而學會傾聽和思考，有時也需要為了說話而採取某些行動。越是這樣，越需要安靜和沉默，但我們往往難以想像。

如果我學不會保持沉默，也會難以忍受對方的沉默，並認為沉默是負面的。對話時的等待其實需要很大的功力。因為那不只是單純地等待對方，也是給自己更多時間，只有平時就能安靜地思考並充分等待自己的人，才能施以他人這樣的美德吧？

一天二十四小時中，我們有多少時間可以靜靜思考？現代人的日常生活當然不用像修道者一樣進行偉大的修行，但我們很難有時間在沒有外部打擾的情況下靜靜發呆。故意在凌晨或深夜醒著、關掉手機一段時間、獨自坐在汽車裡、去散步旅行，或參加宗教修行活動等，都是基於人們渴望安靜和沉默的迫切心情。

挪威探險家兼律師厄凌．卡格（Erling Kagge）在《聆聽寂靜》中表示，在疲憊喧鬧的日常生活中，能夠守護自己的唯一方法就是達到「內心的沉默」。而且，理解彼此的沉默才是最好的溝通方法。

「對我來說，成功是我們在沉默中坐在一起。如果你沉默時，你的伴侶無法理解你，那麼當你說話時，你的伴侶豈不是更難理解你？」

沉默是讓我們專注於自己，而不是將注意力放在別人說的話上。

有了這樣的認知我們才能承受他人的沉默，也才能等待他說下一句話。人際關係出現問題，或者受到某人的傷害時，在透過對話解決之前，先試著自己沉默地思考吧。這不是建議大家進行高層次的修行，只是希望寂靜和沉默讓無數話語的刀刃鈍化而已。

如果想拋棄分枝
並專注於本體

國高中時期，老師的人氣取決於上課風格。依據科目和老師個性的不同，有一個人說不停，完全不互動的老師；盡量少說話，用筆記量決勝負的老師；幽默風趣，能吸引學生的老師；經常生氣的老師；愛講故事的老師；一秒都不休息，專心上課的老師等等。

我從小就對數學和自然科學不感興趣，所以很少認真上這兩門課，當然考試分數也不高。在國文和英文課上，我總是努力不錯過老師說的任何一句話，但在上數理課時，我卻常常精神不濟。如果老師上課時能說些有趣的故事，我可能就不會那麼痛苦了，但是我往往只能不時看一眼時鐘，期待著下課。不過，卻有三位科學老師讓這樣的我印象深刻。

P老師個子很高，風度翩翩，站在講台上給人一種玉樹臨風的感覺，但是與他的身材相比，他的聲音特別小。在沒有任何人吵鬧的安靜狀態下，教室最後面的學生也聽不到他的聲音，因此上那堂課時，教室總是如淹入水中般安靜。教室安靜還有另一個原因，那就是筆記非常多。每次解題時，黑板上都寫滿了板書，為了把這些抄下來，我們每次都抄到手痛。一個小時的時間裡，他不斷傳遞巨大的資訊量，但神奇的是，很多同學都喜歡他的課，原因是老師的說話技巧。用一句話概括，他講故事的技巧非常卓越，雖然說話的聲音很小，但他所講的生物相關故事非常有趣，讓人一聽就入迷，結構嚴謹的板書也讓人一目了然。

K老師畢業自首爾大學，學識淵博，教學總是非常認真。但遺憾的是，一半以上的同學沒能跟上他的熱情。老師常常說想多教我們一些東西，但我們的眼神總是呆滯渙散，越是如此，老師就越常重複已經教過的知識，原本就很大聲的音量也越來越大。上課時，老師總是一臉嚴肅，只專注在自己想要傳達的課程內容。

L老師個性安靜，上課時也不怎麼說話。雖然授課內容資訊量多，但很少使用黑板。老師不愛說話，而是讓我們透過實驗和實作來熟悉概念。雖然像我這樣的學生對此不感興趣，但這樣的授課方式很受歡迎，連其他學校的科學社團也找上門來，在地方上非常有名。

三位老師都希望教好學生，但是上課的方式卻完全不同。P老師用好的策略提高了學生們的專注力。K老師雖然學識最淵博，但是只專注在上課內容。L老師減少說明，增加了實驗和實作。

對話時最重要的是什麼呢？是在維持雙方好關係的同時，傳達我們的「本意」。但是，如果只專注於「內容」，而不顧及「傳達方式」，說出來的話就會過於冗長，並可能不斷重複同樣的話，這都是因為溝通時沒有考慮對方，只想著自己要傳達的內容，如果不能讓對方了解自己的意思，只會白白浪費力氣，甚至會因為對方聽不懂自己的話而傷心，並陷入惡性循環。

我從事書籍策劃和編輯工作，有一種我實在不想負責的稿件，那就是過於冗長的原稿。一般來說，這種稿件的內容和邏輯都有瑕疵，作者會為了填補貧乏的內容不斷重複同樣的話，並且在沒有將想法好好整理的狀態下就下筆，導致文章過於冗長。如果只專注於「寫」，往往會忽略「傳達方式」。整理完這樣的稿子後，三分之一的內容都必須刪減，才能變成容易掌握重點的稿件。

傳達心意最糟的方法就是冗文。說話前先思考該如何概括自己想說的話，這樣一來，比起多餘且重複的話，我們能更完整且精簡地表達自己的意思。重視傳達方式，學著概括自己說話的內容，最終我們就能更貼近對方。

因為提問而變得更牢固的關係

據說，美國的思想家兼作家梭羅有天在日記上這樣寫道：

「我今天得到了最高的尊重。有人問了我的想法，並真誠地傾聽我的回答。」

人即使處在艱難的情況下，只要有一個人問自己的想法，並認真傾聽，就不會放棄生活的希望。那麼問什麼問題效果最好呢？應該說，你被問到什麼問題會覺得幸福呢？什麼問題會讓你心裡發癢，忍不住想回答呢？也許聽起來有點籠統，但當別人問起自己的故事時，我們往往都會感到幸福。

幾年前，我曾申請為期十天的公費出國進修，文件審查通過後，我接到通知，前往面試地點。因為不知道會被問什麼問題，我懷著緊張的心情等待著，我們三個人一起進去面試，當時被問到的問題中，有一題讓我印象深刻。

「請說說你在公司所做的業務中取得最佳成果的項目。」

我思考了一下，回答：「我說服公司讓我挑選負責行銷工作的員工，經過六個月的努力，成功提高了銷售額。」聽完我們三個人的回答後，其中一位面試官對我冷冷地說：「只有這樣嗎？雖然取得了成果，但是很普通。」

因為是很久以前的事了，所以面試官具體還說了些什麼我已經記不太清楚，但重點是他覺得這個成果太瑣碎了。聽了這句話，其他面試官都尷尬地笑了笑，我們三個面試者也驚呆了。

說到底這是個商業面試，「挑選行銷負責人，組織團隊並提高銷售額」和其他面試者相比也許真的太弱了。但是，類似的問題和回答難道只會發生在面試場合嗎？仔細想想就會發現並非如此。

人與人之間會有無數的提問和回答，因此面試和人生在某種程度上是相似的。然而，我們的生活不在面試場內，而是在場外。如果生活中的對話都像必須在短時間內提問並回答的面試對話一樣，那我們一輩子都不會得到相互理解的機會。如果想透過生活中的對話變得更加熟悉彼此，我們還需要問好多問題。

「你不是行銷部門的負責人，為什麼會做出這樣的決定呢？」

「你是如何說服社長組行銷團隊的？」

「在說服社長的過程中是否遇到挫折？」

「其他員工的反應如何？」

「你的工作量因此增加了，不累嗎？」

這些都是引導對方說出自己故事的問題，是詢問對方事件背景和隱藏故事的談話型提問，也是如果不主動發問就得不到回答的故事型問題。不包含對方故事的提問和回答雖然很理性，但感覺不到人的溫暖。雖然只說必要的話看起來更有效率，但是這樣的對話就像櫥窗裡的玩偶，毫無生命力。出乎意料的是，很多人和親近的人也會進行如同面試的對話，甚至因為覺得仔細聽對方的故事很累，所以也不會把自己寶貴的經驗和故事告訴別人。

如果習慣了沒有故事的對話，彼此的生活就會變得沒有連結，面對沒有故事的生活，誰會被感動並進一步關注呢？因此，我們需要能夠引出彼此故事的問題。

記錄並分享人們故事的美國非營利組織StoryCorps的代表戴夫在紐約市中心設立了對話室，因而成為熱門話題。對話室是個只有一坪左右的空間，只能容納兩個人，任何人都能進去交談。他們得到參與者的同意，錄製並儲存了他們的對話。他們為什麼要收集大家的故事呢？

曾是廣播製作人的戴夫製作過曼哈頓工人宿舍生活的紀錄片。他拍攝了在類似韓國「考試院」的窄小房間中，生活數十年的勞動者們艱苦的生活，並與攝影師一起將這個故事編寫成書。書出版的那天，他拿著出版的書來到工人們的宿舍，其中一位工人靜靜地凝視那本書後，一把將書拿走，在宿舍走廊上奔跑，並大聲呼喊：「我還活著！我是存在的！」

這本書講述那位工人原本無人知曉的故事，因此他藉由這本書確認了自己「活著」的事實。戴夫以此為契機設定了對話室，讓大家在對話室中詢問並回答彼此的人生故事，也就是說，這個對話室內產生了真正的對話。

即使我們很想，也很難一一了解父母、配偶、戀人、朋友、同事等人的生活全貌，因為我們無法每分每秒關注他人的生活，也因為我們與他人的關係是從人生的某個時間點開始的。每個人年紀大了之後，可能都會有「如果把我的人生寫成書，可能會超過十本」的感慨。我們的故事都會隨著歲月不斷累積，但故事的多寡並不是重點。

家人、另一半、朋友和同事們都可能因為關心而向我們提出問題，並因此激起美麗的漣漪，請大家帶著自己的故事，接受這些關心，並延續關心的漣漪吧！

「某天，一次也好，關心一下我。問問我那時發生了什麼事。」

leeSA，〈怕被你聽見〉

chapter 6

仔細聽
別人胡扯

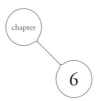

彼此的話中有過去

「和有珍聊天，熬夜也沒關係。」

大學時一位前輩對我說過這句話。即使過了很長一段時間，我也依然記得，偶爾會想起這句我很喜歡的話。我非常喜歡說話，不僅是和親近的人，還可以和初次見面的人進行長時間的對話。

有位朋友曾讓愛說話的我很苦惱，因為和她聊天時，感覺就像面對一面會吸音的牆。大學時期，她是我朋友群中的一員，雖然經常一起行動，但我會盡量避免和她單獨相處。有時不能如願以償，只剩下我們兩人的那段時間真的很難熬。

我覺得那位朋友總是「吃掉」我的話。要想持續對話，兩人說出的話至少要有最小限度的「重疊」。即使對同一個話題有不同的意見，或說著不同的故事，也要能循著脈絡對彼此的話產生一些共鳴或表示反對。對話就像一起爬山，有時會遇到意想不到的陡坡，或在險峻的路段徘徊；有時則能一起漫步在平緩幽靜的步道上。但是和那位朋友對話時，不僅沒有重疊的部分，反而每次都走上不同的路，總是聊著聊著就失去連結。

在繪本《文字工廠》（La Grande Fabrique de mots）中出現的國家，人民唯有從工廠購買文字並吃下後才能說話。但是有用的字都很貴，窮人只能撿被丟棄的字過生活，因此常常連想說的話都說不出口。一名叫菲雷的貧窮男孩偶然撿到了櫻桃、灰塵、椅子等文字，他珍藏這些字，並打算送給暗戀的西貝兒。但是富少奧斯卡突然出現向西貝兒表白：

「親愛的西貝兒，我真心愛你，我們未來注定會結婚。」

偷聽到這句話的菲雷雖然覺得自己很寒酸，但還是鼓起勇氣走向西貝兒說：

「櫻桃！灰塵！椅子！」

西貝兒的心被誰的話打動了？她走向菲雷，親吻他的臉頰。她對富少完美的告白保持沉默，菲雷只說了幾個含糊的單字，但她卻了解他的心意，為什麼呢？因為他們雖然沒說過話，但長期以來一直相互關注。

對我認為是高牆的朋友來說，我是怎樣的人呢？我對她來說是菲雷，還是奧斯卡？我沒和那個朋友真正交流過感情，也就是說，我們沒能建立真正有情感的關係。我為了掩飾自己的尷尬，總是對她說些浮誇的話，並假裝親近，就像奧斯卡一樣。越是這樣，我也越聽不進朋友說的話，並誤以為我們之間的牆是她堆砌起來的。

某個聚會上，有人向大家傾訴煩惱：

「我男友都不聽我的話，覺得我是在嘮叨，我說那些都是為了他的健康耶！而且他常常都沒遵守約定，只會對我生氣。」

在場的某個人小心翼翼地開導：「雖然你是為他好，但兩人關係不好的話，他也聽不進去。所以你應該先仔細審視你們的關係。」

我們為什麼會因為對話而受傷呢？因為對方無視或聽不進我們說的話，或是不認同、誤會，甚至不相信我們說的話。我們是因為對方不懂自己的心而受傷。

但是對話裡藏著兩人的過去，對方忽視我的經驗，以及聽不進我說的話，或是不相信我的經驗，這些都塑造出我們現在的關係，因此聽不進某人的話並不只是因為傾聽能力不足。

想像一下有人對你說：「櫻桃！灰塵！椅子！」

如果你們關係很好，相信你馬上就能聽懂，即使不能理解，也會努力了解這句話的意思。相反地，如果是關係不好的人說出這種像暗號的話呢？我們不會有興趣，也聽不進這句話。在煩惱「別人為什麼聽不進我的話」之前，先想想自己與對方的關係吧！

謝謝你告訴我

我每周會參加一次聖保祿修女會舉辦的「幸福讀書」讀書會，大家聚在一起讀一本書並聊天。與其他讀書會不同的是，這個讀書會是由修女主持。剛開始出於好奇，決定先報名十周，後來不知不覺參加了一年多。

每周要讀一本書其實有些負擔，周六一大早就得準備出門也讓人感到疲憊，但是我依然很期待每周的讀書會。參加讀書會的其他人似乎也是如此。我們十幾個人雖然忙於工作和家庭，但每周六早晨還是聚在一起，這意味著讀書會具有吸引人的特別魅力。讀書會的魅力不只一兩點，但如果要我選一個，我會說是「能被好好傾聽」。

主持讀書會的修女選定書籍後，每周都會發給大家引言，但是，聚會時修女和我們一樣，只會回應大家的發言，不會在發言時介入。她第一天就對我們說：「在這裡最重要的是好好聽別人說故事，聽完後馬上說謝謝。」

剛開始要說謝謝會覺得有點彆扭，大家的節奏也不合拍，但是時間久了，所有人都熟悉了彼此的聲音，節奏也相互契合。在說謝謝時，大家都很有默契，對話的內容也更加深入，甚至會為彼此的故事流淚，大家不知不覺成為合得來的朋友。我們的關係能夠變成如此，修女發揮了最大的作用。

她總是靜靜傾聽每一位發言者的故事，傾聽時，能從她的表情感受到一點細微的情緒變化，但她不會做任何判斷和評價，只會給發言者充分的關注，雖然不出聲，但會以眼神傳達她的真心，故事說完後大家說謝謝時，修女莊嚴的聲音與我們的聲音截然不同。

修女偶爾也會對發言者說幾句話，有時是生活的智慧或建議，有時則是提問或安慰。仔細聽這些話，就能發現修女是如此善於傾聽，並深刻理解發言者的本意和內心。

某次聊起人際關係時，輪到我發言。

「嗯……我呢，有個常常讓我感到不自在的人。當時那個人確實處在艱困的狀態，但是對我太無禮了，所以我對她說不想再看到她。我當時不該說出來的，後來要見她都覺得很尷尬。為此，我閱讀解析人際關係的書，也看了相關的影片，後來下定決心見面。見面時，我像什麼事都沒發生一樣親切地對待她，但是我覺得自己實在太虛偽了，明明不想見到她，表面上卻裝作不是那樣。」

那天，我坦白自己討厭的人，以及和那個人在一起時發生的幾件事，說完後，修女平靜地喊著我的名字說：「有珍啊……那是愛。」

我因為這句話第一次在讀書會大哭。我和那個人的問題持續了很久，也和朋友們抱怨過很多次並請教建議，但是從沒像這次這樣感到釋懷。無論朋友們再怎麼站在我這邊罵那個人，並以自身經驗給我建議，都沒有太大的效果。但是修女的一句話卻釋放了我，我內心的憤怒和失落終於平息了，也有了從被那個人長期糾纏的言行中解放的感覺。我也因此領悟到我對那個人的言行中有著愛與恨，並且希望有一天能和她好好相處。

並不是修女的一句話就讓所有的一切都變成了「愛」。我和那個人的關係還是和之前差不多，只是過去見面時的敏感和緊張少了一些。稍微放鬆後，我也開始慢慢看到那個人的優點。

某天，我和修女一起吃飯時，她告訴我「謝謝」的意義。

「謝謝你告訴我。」

聽了她的說明，我領悟到為什麼自己所說的謝謝，和修女說的不一樣。我總是一邊聽對方說話，一邊準備自己的回應，因此在聽的同時，我也忙著做出評判，並在腦中開始思考自己的立場。常常對方還沒說完，我就啪地打斷發言，即使沒打斷，眼神中也總是流露出急著發言的焦躁情緒。比起感謝說話的人，我更常想的是「傾聽他人說話的自己很善良」。

也許「謝謝」前面應該加幾句話。

（原來你是這樣想的啊，都說完了嗎？）謝謝你告訴我。

（我聽完故事了，）謝謝你願意告訴我你的故事。

善於傾聽的人會先把自己的想法和意見拋諸腦後再去聽，並且在聆聽時理解對方話中的真心。唉，理解真心的部分對我來說還太難了，先練習傾聽，不，先學著忍住自己的發言就好了。我離「謝謝你告訴我」還好遙遠啊！

”

善於傾聽的人會先把自己的想法和意見拋諸腦後再去聽，並且在聆聽時理解對方話中的真心。

那不是你的錯

電影《心靈捕手》描述擁有天才頭腦，卻因兒時經歷的家庭暴力而生活不幸的威爾，接受心理學教授西恩諮商治療的過程。威爾很聰明，且熟悉諮商治療的理論和程序，覺得一般諮詢專家都很可笑的威爾，最終卻開始向真心接觸自己的西恩敞開心扉。

「看著我的眼睛，那不是你的錯！」

「我知道。」

「不是你的錯！」

「我知道。」

「不，你不知道，那不是你的錯。」

「我知道。」

「不是你的錯！」

「我說我知道了。」

「不是你的錯，不是你的錯。」

「你不要惹我生氣！」

「不是你的錯。」

「就說不要惹我生氣，就算你是諮商師也不能這樣！（威爾用力推開西恩）」

「不是你的錯。」

「（再次用更小的聲音）不是你的錯。」

威爾好幾次確認不是自己的錯之後，緊緊抱住西恩痛哭失聲。看到這個場景，我很激動，難道我們也需要像西恩一樣的人嗎？

不久前，朋友向我傾訴無法癒合的傷口。她說，自己為家人付出很多（在我看來實在太多了），家人卻一點都不理解，甚至在她很難過時也沒有一句安慰。

認識了十年的朋友第一次流淚，我驚慌失措，只能遞上衛生紙，像西恩一樣說「不是你的錯」，雖然我沒抱住她，但朋友這樣對我說：

「你還是這麼願意聽我說話，其他朋友都不太能理解我，或因為忙於家庭沒時間聽我說話。」

聽了朋友的話，我想了想：

「還好我也聽懂了你說的話。」

《心靈捕手》中有句特別觸動人心的台詞：

「不，你不知道，那不是你的錯。」

對於威爾說他知道過去的傷痛不是他的錯，西恩堅決地說你不知道。威爾不知道那是他最想聽到且希望別人說得更明確的話，但西恩說了。

我們遇到困難時，會和朋友、戀人、父母或同事說，把煩惱上傳到社群網站，或更換個人帳號的大頭貼，希望大家了解自己的心情。我們會連在哪裡、吃了什麼等日常生活都即時告知大家，請大家閱讀隱藏在日常中的情緒。但是如果說了這麼多話，仍無法消除心中的空洞，那意味著沒人能深入了解你的心情。如果在對話中得不到滿足感，就會想說更多話，也會讓自己真正的心意被藏到更深的地方。

小孩的心情變化很容易被媽媽發現，因為孩子披著的心靈盔甲還很薄，而且總是受到媽媽的照顧，所以媽媽很快就會察覺孩子說謊時眼睛、鼻子、嘴巴和手腳會發生什麼變化。

長大後，我們的心靈盔甲會變厚，也更善於隱藏內心的情緒。從十幾歲、二十歲到三十多歲，我們越來越熟悉隱藏心情的技巧，並相信唯有如此才能得到戀人的愛，才能成為父母眼中懂事的孩子，才不會被朋友孤立，才能在公司得到認可並受上司賞識。希望他人理解的內心，在遇到西恩這樣的人之前永遠不會被發現。

威爾被西恩看穿了內心世界，並因此得到了充分的安慰，我們也需要像西恩一樣的好聽眾，需要能如時表達內心想法，並且對自己說「做得好」的人。如果沒人能了解我們的心意，我們就只能繼續說著許多毫無意義的話。但是，你可以找到的，因為每個人都有一個西恩。

”

如果在對話中得不到滿足感，
就會想說更多話，
也會讓自己真正的心意被藏到更深的地方。

傾聽時要盡量放慢步調

某天，我下班回家的路上和朋友通了電話，朋友因為同事冷漠且不體貼的語氣受傷。通話時間超過兩個小時，她一一細數同事讓她受傷的言行，但是，她說的這些分析若要成立，前提是對方的想法和情緒完全表露在對方的話語中，但是語言究竟能承載多少我們的想法和情緒呢？

詩人里爾克和夢想成為作家的十九歲青年卡卜斯進行了約五年的書信交流。這些信在里爾克死後被卡卜斯集結成《給青年詩人的信》一書，里爾克沒有輕忽年輕人的信，而是誠懇地回信。他親切且真摯地描述對卡卜斯詩作的欣賞、自己的思想和價值觀。因為很欣賞里爾克，所以我非常喜歡這本書，甚至已經熟記書中一些段落。其中第一封信中就出現了里爾克對「話」的想法。

「我們並不如同我們所想的那樣能夠理解一切，並用言語完全表達出來。大部分的事無法用言語描述，因為這些事都發生在我們的語言無法企及的領域。」

話比我們想像的要小，裝不下我們所有的想法和情緒。說話時即使帶著真心和情緒，也無法表達出我們全部的心意。有時話中裝了太多，有時卻裝得太少就說出了口。但是說出口的話無法再撿回來。想用話語完整傳達自己的心意就像摘天上的星星。有時我們無心的一句話，在別人聽來是別有用心。對方不知有多少真心的指責或稱讚（即使是真心也不值得相信），如果往心裡去就會非常危險。如果是讓我們不舒服、動搖我們心情的話，更要有所保留。總結來說，在聽他人說話時，我們必須時刻小心。

我不太了解茶道，但偶爾會受愛茶的朋友邀請品茶。許久沒見的朋友們剛開始總是吵吵鬧鬧的，但是在燒茶的瞬間，大家彷彿約好般都靜了下來，每次看到茶帶來的沉靜，我都會覺得很神奇。茶的種類不同，泡出好味道的溫度也不一樣。有個用來冷卻熱水溫度的器皿，將水倒進裝滿茶葉的水壺之前，要先倒進這個器皿中冷卻，泡好的茶在倒進杯子前也會使用這個器皿。

如果和某人的關係不好，或因為對方的話受傷時，我們的體內有個冷卻容器會如何呢？不論好聽還是會讓人受傷的話，都不要立即接受，而是先倒入體內的冷卻容器中。對方的話說出口後往往會在我們的心中變形，成為遠離對方本意的話，並傷害我們的心。因此，我們最好冷卻後再聽。

最重要的是，我們必須了解，話語無法完整包含人的心意，理解並接受這種不完美，就能更容易與聽到的話保持距離。沒有比被不完美的事物傷害更辛酸的了。別人說的話不完美，我們說出口的話也是如此。「我總是真心坦率地說話，別人卻不是如此」，這樣的想法是很傲慢的，也是違反話語特質的想法。如果想法和心情的大小是一千，那麼話能表達的程度大概只能到三左右吧。因此，用話語推測他人心意在神的眼中看來該有多愚昧啊！

如果希望能打造屬於自己的冷卻容器，就必須牢記里爾克的建議：「我們並不像自己以為的那樣，能用語言表達一切。」我們能從這句話了解草率猜測並分析對方的話是多麼荒謬。

冷卻容器的漢字是「熟盂」，意思是冷卻的飯碗，其中熟還有組成、仔細思考、使其長大、煮熟、變熟、變軟的意思。將今天聽到的無禮言語、冷嘲熱諷、空洞的話語、匕首般的話、炫耀、稱讚和建議裝進熟盂，讓自己稍微退後一步吧！

先傾聽自己

在策劃本書時，為了調查資料，我曾經下載很受二、三十歲年輕人歡迎的應用程式。裡面有許多煩惱、戀愛、心理問題、打工、職場和前途相關的故事，不知是不是因為匿名保障，大家在裡面都很坦率地表達自己的想法和情緒。當時，有個令我印象深刻的詞——「漂亮的話」。

「我想聽漂亮的話。」

「我會說漂亮的話。」

「說些漂亮的話再走吧！」

「喜歡能說漂亮話的人。」

「想聽漂亮的話，請私訊。」

大家都知道所謂漂亮的話是安慰、稱讚、認可等肯定的話。但是在應用程式中看到一連串的請求讓我有點驚訝。什麼解釋都沒有，就要求大家說些漂亮的話，這是什麼意思呢？我的腦中充滿問號。網路上即使是發文討拍，也會描述來由，並不忘感謝大家看自己的故事，但是這裡只有一句話，到底是想讓大家說些什麼呢？至少應該告訴大家想聽漂亮話的原因吧。但是，打破我這種迂腐想法的正是這些請求：

「我想把話說得漂亮一點。」

「我也想說得漂亮一點，但是有點難啊！」

是的，這些請求的意思不只是想聽到漂亮的話，也希望自己能說出漂亮的話。想擁有漂亮人生的希望，藉由說出「想聽漂亮的話」來表達，這一點也不過分。沒有人願意生活在惡言相向的謾罵和指責當中。我們都希望聽到他人對自己說好話，我們也對別人說好話，並期待我們的生活能因此美好且有品味。但是，我們到底有多願意傾聽他人的心聲呢？

不久前，我曾為小學家長們舉辦繪本講座，講座主題是「我能寫什麼？」因為時間有限，所以我請大家在二十分鐘內盡量寫下自己想對孩子說的話，接著請大家輪流發表。

「做你喜歡的事吧！」

「爸爸媽媽真的很愛你。」

「多交好朋友。」

「希望你能認真讀書。」

「人生總會有辛苦的時候。」

這些是父母對心愛的子女們說的話，這些好話光聽到就覺得心裡暖暖的。一位三十多歲的家長在發表時還留下了眼淚。但是，越聽越覺得這些話是家長們想說給自己聽的。其中包含著過去未能如願的後悔和心中的願望，他們夢寐以求的生活就藏在這些話中。

像這樣，自己想聽到的話以及想對親近的人說的話，最終其實都是自己內心的聲音。我們用「話」表達自己想要的生活面貌，因此好好聽自己心裡的聲音是傾聽他人的開始。

唯有傾聽自己的聲音，才能聽懂別人的話。如果不懂自己的心，就無法理解他人的心，忽略自己的心聲，也往往會輕視他人的心意。我說好話，別人也會對我說好話，唯有我們的人生是美好的，才能以美麗的心去看他人的人生。

每天我都想聽漂亮的話，今天也是。

尾聲——

帶著自己的話，帥氣地活出自己

我們每天使用七千，最多兩萬個單字。如果將一個人所說的話集結在一起，以一天平均一萬四千個單字計算，相當於是七十張兩百字的稿紙，十天就接近一本書的分量，一個月就能出三本書，一年會有三十六本書，由此可以推測出每個人所接觸到的話語量有多大。我們每天生活在如此多的話中，其中有很多好話，也有暴力且傷害我們的話。一個顯而易見的事實是，我們無法只拿到話的好處。雖然我們會因為美麗的話獲得生活的力量和安慰，但是只要和不同的人一起生活，就很難完全避開會讓人受傷的話，我們再怎麼努力都擺脫不了話的這種特性。

那麼，是不是該放下他人所說的話，拿出勇氣帶著自己的話繼續生活呢？帶著自己的話堅強活下去的勇氣從何而來呢？我想是來自對自己言行的珍惜。

過去很長一段時間，比起自己說的話，我更執著追隨他人說的話。為了填補自己的空洞，我不斷藉由閱讀、聽演講、訪問有名的人等來進修學習。我認為這些能讓自己成長。但是某天，因為某人的一句話，我意識到我錯了。

「有珍經常說自己不夠好。」

我不知道自己是從什麼時候開始認為自己不夠好。我的問題不在於不承認並接受自己的不足，而在於總是認為自己不足，且不足的部分難以填補，就算補了也得不到滿意的結果，因為對我來說，能讓我滿意的自己並不存在。在如此急於填補自己的過程中，我逐漸將自己的優點推到角落，並小看這些優點。

如果總是認為自己有許多缺點，就會對別人的話更加敏感，也更容易受傷。聽取別人的優秀建議或不斷進修也沒有用。就像吃再好的東西也無法成為身體的養分，會流失到體外，服用再好的處方也無法治本。我領悟到自己必須改變。

我會像這樣認為自己不足，是因為我制定了一些標準，如果達不到自己制定的標準，就會覺得自己不夠好。也就是說，我把理想中的我看得比現實中的我還要重要，對自己的期望越大，我就對自己越不滿意，也因此在被他人刺激時，就會受到傷害。

帶著自己的話活下去的勇氣，始於取消這些規範自己的嚴格標準。如果撤除這些標準，就會認為自己是獨一無二的，並能以此觀念為起點開始學習。在這樣的認知下讀多少書或聽多少他人說的話都可以。但是如果在自己還沒站穩的情況下過度依賴他人的話和文字，就會在內心築起規範自己的高標準和框架，並因此產生自卑感，唯有擺脫這些束縛，我們才能變幸福。

認可自己需要什麼標準呢？世界上沒有任何人能為你制定這個標準，我們能說什麼話，該如何表達自己，都沒有人可以擅自替我們決定。我們必須為自己而活，帶著自己的話，勇敢地活著。

「我們為了和別人一樣，失去了四分之三的自我。」

——叔本華

國家圖書館出版品預行編目 (CIP) 資料

謝謝你這麼說：守護自己並維持關係，讓日常生活變踏實的語言 / 金有珍著；陳宜慧譯. -- 初版. -- 臺北市：遠流出版事業股份有限公司, 2021.12
面； 公分
ISBN 978-957-32-9351-4(平裝)
1. 人際傳播 2. 溝通技巧

177.1 110017825

謝謝你這麼說

守護自己並維持關係，讓日常生活變踏實的語言

作　　者｜金有珍（김유진）
譯　　者｜陳宜慧
總 編 輯｜盧春旭
執行編輯｜黃婉華
行銷企劃｜鍾湘晴
美術設計｜王瓊瑤

發 行 人｜王榮文
出版發行｜遠流出版事業股份有限公司
地　　址｜台北市中山北路 1 段 11 號 13 樓
客服電話｜02-2571-0297
傳　　真｜02-2571-0197
郵　　撥｜0189456-1
著作權顧問｜蕭雄淋律師
ISBN ｜ 978-957-32-9351-4

2021 年 12 月 1 日初版一刷
定　　價｜新台幣 360 元

遠流博識網
http://www.ylib.com
Email: ylib@ylib.com